İNSANLAR UYURLAR ÖLÜNCE UYANIRLAR

EMRE DORMAN

Eser Adı: İnsanlar Uyurlar, Ölünce Uyanırlar

Yazar: Emre Dorman

İletişim: emredorman@yahoo.com

www.emredorman.com

emredorman

Bu kitabı sesli olarak Emre Dorman'ın Youtube kanalından dinleyebilirsiniz.

Kapak Tasarım: Yunus Karaaslan

Sayfa Düzeni: Adem Şenel

ISBN: 978-605-88082-2-5

Baskı ve Cilt: Pasifik Ofset

Cihangir Mah. Güvercin Cad. No:3/1 Baha İş Merkezi A Blok Kat:2
34310 Haramidere / İstanbul Tel: (0212) 412 17 77 Sertifika No: 12027

1. Baskı: Mayıs 2011
44. Baskı: Nisan 2017

Genel Dağıtım

İstanbul Yayınevi

Cağaloğlu Yokuşu Evren Han No:17 Kat:1 Daire:33
SİRKECİ – İSTANBUL
Tel: (0212) 519 62 72 - 522 22 26
www.istanbulyayinevi.net
bilgi@istanbulyayinevi.net

İNSANLAR UYURLAR ÖLÜNCE UYANIRLAR

EMRE DORMAN

İSTANBUL YAYINEVİ

Yrd. Doç. Dr. Emre Dorman, Acıbadem Üniversitesi'nde öğretim üyesidir. Marmara Üniversitesi İlâhiyat Fakültesi Temel İslâm Bilimleri Kelâm Bilim Dalı'nda hazırladığı **Tanrı'nın Varlığının Kanıtlanmasında Kullanılan Modern Deliller: İnsancı İlke Örneği** başlıklı tezi ile yüksek lisans, **Deizm ve Eleştirisi: Tarihsel ve Teolojik Bir Yaklaşım** başlıklı tezi ile de doktora çalışmasını tamamladı.

Emre Dorman, Acıbadem Üniversitesi'nde **Felsefeye Giriş**, **Felsefe Tarihi** ve **Bilim Felsefesi**, Bahçeşehir Üniversitesi'nde ise **İslâm Felsefesi** ve **Din Felsefesi** dersleri vermekte, ilâhiyat, felsefe ve din-bilim ilişkisi alanlarında çalışmalarını sürdürmektedir.

Yayımlanmış Eserleri

- İnsanlar Uyurlar Ölünce Uyanırlar (2011)
- Modern Bilim: "Tanrı Var" (2011)
- Kur'an-ı Kerim'deki Temel Emirler ve Yasaklar (2011)
- People Are Asleep They Wake Up When They Die (2012)
- Duanız Olmasa Ne Öneminiz Var? (2013)
- Dini Konularda Kendini Kandırmanın 40 Yolu (2014)
- Din Neden Gereklidir? (2015)
- Allah'a Öğretilen Din (2016)
- Allah'ın Parmak İzi (2016)
- Kendini Kınayan Nefis (2017)

Aziz hâtırana…

İÇİNDEKİLER

Yaşama Başlarken;
Bir Su Damlacığının Hikâyesi

İlk yarışımız...

Küçük bir su damlacığıyım ben. Kimsenin önemsemediği, haberdar dahi olmadığı. Oysa ne potansiyeller barındırıyorum içimde. Hele bir kazansam şu yarışı işte o zaman herkes görecek benim kim olduğumu. Sabırsızlanıyorum. Sanki on beş milyar yıldır bu anı bekliyorum. Daraldım, artık ortaya çıkmak istiyorum.

Heey diye haykırmak. Ben de varım. Buradayım. İşte bakın artık ben de dünyadayım! Hâlâ bekliyorum. Çok sıkıldım. Öyle çok bekledim ki kaçarı yok kesin ben kazanmalıyım yarışı. Milyonlarca rakibimi geçerek ve yüzlerce kilometre yüzerek birinci olmalıyım. Ben bunu hak ediyorum...

İlk evimiz...

Çok yoruldum ama kazanacağım. Şurada bir tabela var: "Fallop Tüpü". Galiba bu bir tünel. Buradan gidersem belki kestirme bir yol bulurum kendime. Amma da uzun bir tünelmiş. Nereye çıkıyor acaba? İşte orada bir tabela daha gördüm! "Rahme gider". Şansımı denemeliyim. Bir şey kendine doğru çekiyor beni...

Of başım çok ağrıyor. Ne oldu bana? Neredeyim ben. Çok karanlık burası. Çok sessiz. Arkadaşlarım nerede? Kimse yok mu?

Asılı kaldım bu duvarda. Çok sıkılıyorum bir çıkış yolu bulmalıyım. Hayalini kurduğum dünya bu mu yoksa? Ben daha iyi bir yer hayal etmiştim oysa...

Kendimde bir değişim hissediyorum bu aralar, ne oluyor bana? Karşımda yanıp sönen ışıklar var sanki. Tam okuyamıyorum ama bir şey yazıyor. Tamam, gördüm sanırım. *Preembriyonik aşamaya hoş geldiniz* yazıyor. *İki hafta boyunca sizi biz ağırlayacağız. Bu sırada hücreleriniz çoğalacak. Rahat ve huzurlu iki hafta geçirmenizi dileriz.* Of ne zaman biter bu iki hafta. Onca milyar yıl bekledim ama o süre bile şu iki hafta kadar uzun gelmemişti bana...

Embriyonik aşamaya hoş geldiniz. Hücre tabakalarından temel organların ortaya çıkmaya başlayacağı bu aşamada altı hafta boyunca birlikte olacağız. Altı hafta mı? İnanamıyorum, bu ne ya. İki hafta zor dayandım zaten şimdi altı hafta nasıl beklerim? Galiba hiç bitmeyecek bu süre...

Fetal aşama devresindesiniz. Bu aşamanızın sizin için oldukça zevkli geçeceğine inanıyoruz. Rahat bir şekilde arkanıza yaslanıp gelişmeleri gözlemleyebilirsiniz. Bu aşamada yüzünüz, elleriniz ve ayaklarınız oluşmaya başlayacak, dış görünüşünüzün belirginleştiğini hissedeceksiniz. Yaklaşık otuz iki hafta kadar misafirimizsiniz. Bu süre zarfında açık büfe mutfağımız size hizmet verecek. Daha önce tatmadığınız lezzetler ile ikramlarda bulunacaktır. Yaşasın işte bu! Doğru yerdeyim. İnanamıyorum. Ama ne, otuz iki hafta mı? Sadece otuz iki hafta yaşamak için mi bekledim bunca zamandır. Bütün ömrüm bu kadar mı? Peki, sonra ne olacak bana? Ölmek istemiyorum daha bu genç yaşımda. Daha doyamadım dünyaya...

Geçici evinize hoş geldiniz...

İçimde bir huzursuzluk bedenimde bir sancı var bu ara. Sona yaklaştım ve yakında ölüyorum galiba... Dursana ne yapıyorsun? Çekiştirip durmasana. Sana söylüyorum çek o ellerini üzerimden bak fena olacak sonra... Heey kime söylüyorum? Bırak şu başımı. Ne istiyorsun benden? Ölmek istemiyorum ne olur kesmeyin yaşamla bağımı, ayırmayın beni huzurlu dünyamdan...

Çekin şu ışığı gözümün üzerinden. Kim bunlar ne diye seviniyorlar böyle? Hey size söylüyorum gülünecek bir şey mi var? Ölüye saygısı kalmamış kimsenin. Neredeyim ben? Ne kadar çok ses ve gürültü var burada. Kim bu etrafımdakiler? Ölümümü kutluyorlar galiba...

Heey bırak şu bacaklarımı. Vurup durma popoma. Bak avazım çıktığı kadar bağıracağım şimdi. Siz istediniz bunu alın bakalım. Ingaaaa. Bu ne ya, nasıl bir ses bu böyle, benden mi çıktı bu ses. Dur bir daha deneyeyim. Ingaaa. Ne yaptınız bana böyle? Kimim ben?...

Şimdi anlıyorum ki annemin karnı değilmiş yaşayacağım dünya. Öldüğümü sandığım anda meğer doğmuşum gerçek dünyada. Ama alışamadım henüz çok sıkıntılı geldi bilmem neden burası bana...

Of çok sıcak burası... Amma da sarıp sarmaladınız beni. Daraldım yemin ederim. Ağzıma tıkıştırıp durmasanıza şu biberonu. Ben sanki beslenmesini bilmiyorum. Siz mi beslediniz beni kırk haftadır?

Şu annem olmalı. Gözleri çok sıcak bakıyor. Şu da kardeşim herhalde beni boğacak gibi duruyor. Nasıl bir yer burası. Lütfen bana söyler misiniz neden beni yerimden ettiniz?...

Şimdi okullu olduk...

Bu gün okula başlıyorum ve tam altı yaşına bastım. Altı koca yıl. Annemin karnında geçirdiğim kırk haftayı hatırladım bir an. Tüm ömrümü o kırk haftadan ibaret sanmıştım. Altı koca yıl geçti gözlerimi açalı şu koca dünyaya...

Ve okuldayım. Sınıf arkadaşlarım ile tanıştım. Topu topu 20 kişiyiz sınıfta. Geçmişi hatırladım bir an. Milyonlarca arkadaşımı geçerek birinci olduğum o günlerimi. Bu 19 kişi mi benden daha başarılı olacak? Mümkün değil. Ben en iyisiyim...

Bıktım artık ödev yapmaktan. Sabah erkenden uyanıp okula gitmekten. Okumak istemiyorum ben. Hem öğretmenimi de sevmiyorum zaten hep kızıyor bana sınıfta. Teneffüsler de çok kısa zaten. Arkadaşlarımla oynayamıyorum. Çok sıkıcı bu okul.

Annemler üniversiteyi de okumalısın diyorlar. Yoksa iyi bir iş bulamaz ve yüksek bir maaş alamazmışım. Şöyle bir hesaplıyorum da aşağı yukarı on beş yıl var üniversiteyi bitirebilmem için. Mümkün değil bu süre geçmez. Bittim ben...

Mezuniyetim var bugün. Tam yirmi bir yaşındayım. Annem ile babamı daha iyi anlıyorum şimdi. İyi ki onları dinleyip üniversitede okumuşum. Bir sürü arkadaşım oldu. İleride hepsi iyi birer iş sahibi olacaklar. Belki birlikte bir iş bile yapabiliriz. Şimdi iş bulup biraz para biriktirmem lazım. Malum Defne ile birbirimizi seviyoruz ve evlenmeyi planlıyoruz...

Yeni bir iş yeni bir dünya...

Tam bir yıl oldu. İş aramaktan yıldım ama henüz bir iş bulamadım. Çok mutsuzum. Bunca yıl boşuna mı okudum yoksa? Bunca öğrendiğim bilginin hiç mi değeri yok? Maillerime bir bakayım bari ne var ne yok. İşte bu! Geçenlerde görüştüğüm iş yerinden bir mail gelmiş ve beni ikinci görüşmeye çağırıyorlar. Çok heyecanlıyım. Çok iyi görünmem ve kendimi onlara ispatlamam gerek. Hemen hazırlıklara başlamalıyım.

Kaç lira dediniz? Ben yanlış duydum herhalde. Haftalık mı bu önerdiğiniz para yoksa kötü bir şaka mı? 800 TL maaş ile işe mi başlanır? Ben üniversite mezunuyum. Yabancı dilim de var...

İşyerimdeki bir yılımı doldurmak üzereyim. Günde ortalama on saat çalışıyoruz. İki saatim de yollarda geçiyor. Galiba bu gidişle Defne ile evliliğimiz bir hayal olmaktan öteye geçemeyecek. Oysa ne çok seviyoruz birbirimizi. Evet, bir çare bulmam gerek. Ama ne? Tamam, gidip patron ile konuşup maaşıma zam isteyip aksi takdirde istifa edeceğimi söyleyeceğim.

Hayır efendim, şey yani öyle demek istemedim aslında. Tabi ki efendim siz nasıl isterseniz. Eee. Şeyyy. Yok, tabii ki çalışmak istiyorum. Emredersiniz hemen işimin başına dönüyorum. Hiç bu kadar yerin dibine battığımı, mutsuz ve çaresiz olduğumu hatırlamıyorum. Çok sıkıldım. Burası çok sıkıcı. Başka bir iş bulmam gerek. Hemen ilanlara bakmalıyım.

Yok, yok, yok! Bana uygun bir iş ilanı yok. Para kazanmanın bir yolunu bulmam gerek. Patronumdan daha güçlü ve zengin olmalıyım. Anladım ki bu dünyada paran yoksa itibarın da yok. Tek istediğim bir evim bir de arabam olsun. Defne ile evlenip yuva kuralım. Çocuklarımız olsun. İnsan hayattan başka ne bekleyebilir ki?

Maaşı daha iyi bir iş buldum sonunda. Ama eski iş yerimdeki çalışma şartlarını arar oldum. Dosyalardan başımı kaldıracak vaktim yok. Neyim ben modern bir köle mi? Ne diye bu kadar yüklenip dururlar ki insana…

Üniversiteden mezun olalı tam sekiz yıl oldu. Yirmi dokuz yaşına bastım. Eski hareketliliğim azaldı sanki, kendimi büyümüş hissediyorum. Beni tek mutlu eden şey artık Defne ile evlenebilecek olmamız. Yakında onu ailesinden istemeye gideceğiz, çok mutluyum. Acilen bir ev bakmam gerek.

Evleniyoruz…

Son üç ayım ev bakmakla geçti. Ayaklarıma kara sular indi. Sonunda bir yerde karar kıldık ama aslında çok da hoş bir yer değil.

Eski ve sıkıcı bir yer. Bir sürü eşya almamız gerek. Ev aksesuarları, avize ve perdeler...

Aşkım ben de en güzeli olsun istiyorum ama bak bunların fiyatı daha uygun bunu alsak olmaz mı, hepsi aynı işi görmüyor mu en nihayetinde? Neden daha fazla para verelim yok yere? Kavga, gürültü, patırtı. Evlendik en sonunda. Evimizdeyiz...

Masraflarımız arttı. Gelirimiz giderlerimizi karşılamaz oldu. Yeni bir iş bulmam gerek. Maaşı daha dolgun. Defne diyor ki her sene aynı tatili yapıyoruz. Mete ile Esra geçen seneki tatillerini yurtdışında geçirmişler, biz neden gitmiyoruz? Haklı galiba, daha iyi bir iş bulmam gerek. Daha iyi bir hayat yaşamak için daha çok para kazanmalıyım. Ama nasıl?

Annem diyor ki çok şımartıyorsun bu kızı. Hesabınızı bilin biraz. Biz babanla kıt kanaat geçinip yetiştirdik abinle seni. Saçımızı süpürge ettik okutalım diye ikinizi. Ama anne devir değişti ihtiyaçlar arttı diyemiyorum ki. Belki de annem haklıdır. Ama bir ben mi haksızım? Ne istiyor, ne bekliyorum ki şu hayattan bir evim bir de arabam olsa yeter, başka bir şey istemem.

Kırka vardık nihayet...

Geçen cuma 40 yaşına bastım. İyi bir işim, çoğunlukla mutlu giden bir evliliğim, bir evim ve bir de arabam var. Defne ile bir çocuğumuz oldu. Adı Ali. Çok sevimli kerata tıpkı benim küçüklüğüm. Oyunlar oynuyoruz onunla. İş yerindeki tüm yorgunluğumu unutturuyor bana. Defne kendisine de bir araba alma zamanının geldiğini düşünüyor. Çok zor oluyormuş arabasız. Taksitleri de yeni bitirmek üzereyim. Ama belli ki yeni bir araba ödemesi daha başlayacak. Ne yapalım gerçekten ikinci bir araba şart. Öderiz artık.

Ali büyüyor. Evimiz küçük olduğundan artık sığmamaya başladık. Bu koca binalarla sarılmış şehir sokaklarında oynamak mümkün değil. Yeni bir eve geçmemiz şart. Defne'ye aldığımız yeni arabanın taksitleri daha bitmedi. Hele bir bitirelim yeni eve de geçeriz.

Ali okula başlıyor. Defne tüm arkadaşlarının çocuklarını özel okula verdiğini ve kendi çocuğunun da iyi bir eğitim alması için özel bir okula gitmesinin gerektiğini söylüyor. Hani haksız da değil neticede, Ali bizim her şeyimiz. Ve tüm hayatımızı ona adadık. İyi bir eğitim almalı. Ama okul parasını ilk duyduğumda dudağımın uçukladığını hiç unutmuyorum. Şaka yapmıyorum, gerçekten uçukladı dudağım. Yeni bir yük biniyordu sırtıma ama ne yapalım. Hayat işte, insan hayattan ne bekleyebilir ki. Çoluk çocuğu rahat etsin. Mutlu olsun yeter.

Koşuşturmaca içinde geçen hayatın sonunda...

Merdiveni elliye dayadım sayılır. Hayatın yorgunluğu omuzlarımın sızısında gizli. Sanki yıllar daha mı çabuk geçiyor ne! Tutamaz oldum zamanı. Ellerimin arasından kayıp gidiyor. Yeni evimize taşındık. Ali okuluna devam ediyor...

Bugün ilk defa kalbim tekledi ve doktora gittim. Çok yormuş hayat sizi, artık dinlenmelisiniz, dedi doktor. Ama yeni evin taksitleri var, dinlenme lüksüm yok henüz. Emekli olunca dinleniriz artık...

Küçükken sanki dertlerim de küçüktü. Büyüdüm de ne oldu demek geliyor içimden. Hayatımda hep bir şeylerin eksikliğini hissettim durdum ama ne olduğunu bir türlü bulamadım. Herhalde yanlış yerde aradım mutluluğu. Eski günlerim geldi bir anda aklıma. Çok eski. Popoma ilk şaplağı yemeden önceki günlerim. Ekmek elden su gölden geçinip gidiyordum ne güzel. Yediğim önümde yemediğim ardımda. Derdim de tasam da yoktu. Çok sıkıcıymış bu hayat. Bir düşündüm de galiba hayatımda en rahat ettiğim yer o karanlık küçücük odaymış. Sıcak, huzurlu ve rahat.

Şöyle bir hesap yaptım kendi kendime. 60 yaşındayım şu an. Günde 8 saat uyuyarak ömrümün 20 yılını uykuda, ortalama 8 saat çalışarak bir 20 yılımı da işte geçirmişim. Yeme, içme, gezme, yol, trafik, televizyon, internet, eğlence derken kalan 20 yılı da tüketmişim. Bir an durup şunu sordum kendime: "Ben gerçekten yaşadım mı?" ya da "Böyle bir hayat yaşamak için mi var oldum?" Ya da neden bu soruyu tüketilmiş bir ömrün sonunda sordum kendime? Hakikaten kısa bir masal gibiymiş insan hayatı. Bir varmış bir yokmuş.

Ve son...

Neredeyim ben burası neresi. Neden bu kadar karanlık hiç ışık yok mu? Herkes nerede? Bu tahtalar da neyin nesi? Kim attı üzerime bu toprağı? Ne oldu bana? Çok karanlık, çok sessiz burası. Ailem nerede? Dostlarım? Kimse yok mu?...

İnsanların büyük çoğunluğu benzer şekilde tıpkı bir yaprak misali savrulur durur yaşam içinde. Öyle sıkı bağlanır ki hayata, bir gün öleceğini unuttuğu gibi ölüm sonrasıyla ilgili de kayda değer bir hazırlık yapmaz kendine. Oysaki ömür; anne karnı ile toprak altındaki iki karanlık arasında yakılan bir kibrit alevi gibidir. Alev almasıyla sönmesi an meselesidir.

Belki bu dünyadaki yaşantımız için yeryüzündeki insan sayısı kadar farklı hikâye oluşturmak mümkün olabilir. Ancak başrolde kim olursa olsun yaşama bir su damlacığı olarak başlaması da yaşamının son bulmasıyla toprağın altına konması da değişmeyecektir. Yani aynı başlangıç, aynı son, farklı hikâyeler.

Peki, sizi farklı kılan ne? Siz nasıl bir hikâyeniz olsun ve bu hikâyenizin sonu nasıl bitsin istiyorsunuz? Ölümle yüzleşmeden önce yüzleşin kendinizle.

بسم الله الرحمن الرحيم

Yemin olsun ki, biz insanı topraktan oluşan bir özden yarattık. Sonra onu çok dayanaklı bir karargâhta bir damlacık yaptık. Sonra o damlacığı bir embriyo halinde yarattık, sonra o embriyoyu bir et parçası halinde yarattık, sonra o et parçasını bir kemik halinde yarattık ve nihayet o kemiğe de bir et giydirdik. Sonra onu bir başka yaratılışta yeniden kurduk. Yaratıcıların en güzeli Allah'ın kudret ve sanatı ne yücedir! Sonra siz bütün bunların ardından mutlaka öleceksiniz. Sonra siz kıyamet gününde yeniden diriltileceksiniz.

23 Müminun Suresi Ayet 12-16

Sorgulanmamış Bir Hayat Yaşanılmaya Değer Değildir

Ân oluyor bir garip duyguya varıyorum;
Ben bu sefil dünyada acep ne arıyorum?...
Necip Fazıl Kısakürek

Amaçsız yaşayamaz insan. Boş ve faydasız şeyler dahi olsa az çok bir takım hedefler koyar kendine yaşamı içinde. Hep bir şeylere ulaşmaya, bir şeyleri elde etmeye çalışır durur. Hep bir arayışta, bir şeylerin peşinde bulur kendini. Çoğu zaman sorgulamaz bile hedeflerini. Elde edeceği şeylerin kendisine neler getirip, ondan neler götüreceğini. Çevresel faktörlerin etkisinde kalır. Toplumca belirlenmiş olan idealleri benimser. Sorgulamaz. Dünyevi pek çok şeye karşı yoğun bir ilgi ve merak duyar. Kendine fayda sağlayıp sağlamayacağına bakmadan sayısız şeyi merak eder de hayatı boyunca bir kez olsun "Neden var oldum?" ya da "Varlığımın bir amacı var mı?" diye sormaz kendine. Öyle ya kaçımız sorgulamışızdır hayatı? Kimim ben? Neden varım? Varlığımın bir amacı var mı? Varlığımın sonsuz olmadığını biliyorum peki ya öldükten sonra bana ne olacak? gibi pek çok soruyu sormadan kendimize, göçer gideriz bu hayattan.

Aslında insan için daha önemli bir soru yoktur hayatta. Çarçabuk geçecek olan dünya hayatıyla ilgili soruların ve cevapların hiçbir değeri bulunmamaktadır, sonsuz yaşamını belirleyecek soru ve cevapların yanında. Dünyevi tüm soru ve cevaplar ölümle birlikte anlamsızlaşacak ve kişiye hiçbir fayda sağlamayacaktır. Hangi yatırımın daha kârlı olacağı; dövizin mi yoksa altının mı yükselişe geçeceği, bu senenin modasının ya da popüler renklerinin ne olduğu, derbi maçlarının nasıl sonuçlanacağı ya da bu yıl kimin şampiyon olacağı gibi pek çok soru anlamsızlaşacaktır.

İnsan mezardan dönemez ama hatadan dönebilir.
Aleksandr Soljenitsin

Yunan filozofu Sokrates'in dediği gibi esasen sorgulanmamış bir hayat yaşanılmaya değer değildir. Ona göre insanlar başka insanların da bulunduğu ve toplum değerlerinin hâkim olduğu bir dünyaya sorgulamadan dâhil olmuşlardır. Bu yüzden insanlar toplumun ideallerini ve değerlerini olduğu gibi benimserler. Neyin doğru veya yanlış, neyin iyi ve kötü ya da neyin ahlaki veya ahlak dışı olduğunu içinde bulundukları sosyal atmosfer belirler. İnsanlar çevrelerinin beklentilerine uygun yaşamaya çalışırlar. Pek çok kişi mesleğini dahi toplum tarafından yüceltilen ya da önemsenen alternatifler arasından seçer. Yine Sokrates'e göre insanlar sadece maddi şeylerin peşinde koşarlar. Zenginlik arar, haz ya da şan şeref elde etmeye çabalar, varlıklarının bir de ruhsal boyutu olduğunu unuturlar. Kişisel hedeflerinin gerçekten değerli olup olmadığını sorgulamadan herkes gibi bedeni arzularına sürüklenirler. Bu yüzden esasen hayatları kendi ellerinde ya da kontrollerinde değildir. Seçimleri dış etkenler tarafından belirlenir. Bu durumun kişiyi mutsuzluğa götürmesi kaçınılmazdır. Oysaki insanı insan yapan şey; ruhuna ve manevi doğasına özen göstermesidir. Aksi takdirde manevi doğasına aykırı davrandığı için mutsuz ve eksik olacaktır.

Sokrates'in yaklaşımında da görüldüğü gibi insanların büyük çoğunluğu her dönemde benzer hevesler peşinde koşmakta, bedeni arzu ve isteklerini manevi duygularının önüne koymaktadır. Peki, asıl hedefi bu dünya hayatındaki mutluluğu elde etmek olan insanların ne kadarı gerçek manada mutlu olabilmektedirler. Ya da mutluluğu sadece maddi şeylere bağlayan insanlar bu şeylere sahip olduklarında tam anlamıyla tatmin olup, sahip olduklarını yeterli görebilmişler midir? Yoksa hep daha fazlasını isteyip hedeflerini bir seviye daha yükselterek, var oluş amaçlarını sorgulamadan yaşamaya devam mı etmişlerdir?

Faydasız bir hayat erken bir ölümdür.

Goethe

Hayatı anlamlı kılan şey insanın hem dünyası hem de âhireti için faydalı işler yapması ve yaşama değer katmasıdır. Hepimiz insan olarak doğarız ama çok azımız erdemli bir insan olarak yaşayıp anlamlı bir hayat sürerek ölürüz. Bir çiçek bile gerek rengi gerekse kokusuyla etrafına güzellik saçar. Oysaki çoğu insan yaşamı nefes almak, yemek içmek ve eğlenmekten ibaret gördüğünden sıradan bir çiçek kadar bile fayda sağlamadan göçüp gider bu dünyadan.

Ölmek değildir ömrümüzün en fecî işi,
Müşkil budur ki ölmeden evvel ölür kişi...

Yahya Kemal

Boş yere tüketilmiş bir ömrün daha da sürmesini isteyen biri, amaçsız yaşamaya devam etmeyi istemektedir. Bu şekilde bir yaşam ise yaşanılmaya değer değildir.

Hayatınız bir işe yaramayıp boşu boşuna geçtiyse,
onu yitirmekten ne korkuyorsunuz?
Daha yaşayıp da ne yapacaksınız?
Montaigne

"Lütfen Bana Ölümü Hatırlatmayın"

Hayatı anlamayanlar ölümü hatırlamayı arzu etmezler. Çünkü bu hatırlama onlara, yaşadıkları hayatın aklî vicdana uygun düşmediğini gösterir.
Tolstoy

Etrafımızdaki pek çok insanın Allah'ın varlığını kabul ettiği; ancak yaşantısına bakıldığında adeta Allah yokmuş gibi davrandığı görülür. Yaşantısıyla ilgili aldığı kararların neredeyse hiç birinde Allah'ın ondan nasıl bir hayat yaşamasını istediği ile ilgili bir ölçü ve değer yoktur. Ne zaman dini konular açılsa ve dolayısıyla konuşma ölüm gerçeğine gelse, insanların bir kısmı sanki hiç ölmeyecekmiş gibi umursamaz davranırken, diğer bir kısmı ise konunun değişmesini ister. Hatta, canım biraz da güzel şeylerden konuşalım der ve bırakın ölümü, ölüm hakkında konuşmayı bile kötü olarak görür. Oysaki ölüm, üzerine konuşulmasa da düşünülmese de kaçılamayacak bir gerçektir.

Bazı kişiler Kur'an ayetlerinde kıyamet günü diriltilen insanların "Kim uyandırdı bizi uykumuzdan?" (36 Yasin Suresi Ayet 52) demeleri gibi bu dünya hayatındaki gaflet uykumuzla bizi baş başa bırakın, uyandırmayın, hatırlatmayın, rahatsız etmeyin dercesine bu gerçekten kaçmaya, ölümü unutmaya çalışmaktadır. **Ölümü düşünmenin yaşadığı anı tatsız kılacağına inanmaktadır. Oy-**

saki yaşamı bu denli değerli kılan şey ölümdür. Bununla birlikte siz ölümü unutsanız dahi ölüm sizi unutmaz. Vakti geldiğinde gelir sizi almaya.

بسم الله الرحمن الرحيم

Şunu da söyle: "O kaçmakta olduğunuz ölüm, işte o, size mutlaka ulaşacaktır. Sonra, görülmeyeni de görüleni de bilene döndürüleceksiniz. O, size yapıp etmiş olduklarınızı haber verecektir."

62 Cuma Suresi Ayet 8

İnsanların ölümü hatırlamak istemediklerini ve bunun için kendilerine çeşitli bahaneler bulduklarını görürüz. Ölüm korkusunun çok çeşitli sebepleri vardır. Bu sebepler genellikle insanların bu dünyada sahip olduklarından, sevdiklerinden ve yaşamaktan mahrum kalmaları ya da yaşantılarının Allah'ın emirlerine uygun olmamasının verdiği vicdani huzursuzluktan kaynaklanmaktadır. Muhtemelen bu gibi sebeplerden dolayı bazı araştırmacılar dindar olmayan insanların ölümden daha fazla korktuklarını ortaya koymuşlardır. Ölüm korkusuyla baş etme noktasında da farklı eğilimlerin bulunduğu görülmektedir. Konuya bilimsel açıdan bakılacak olursa durumun şu şekilde özetlenmesi mümkündür:

Dindar olmayan kişiler, ölümü hayatın tabii bir sonucu olarak görmekte ve tüm dikkatlerini bu dünyadaki hayata, dünyevi zevk ve uğraşlara yöneltmektedirler. Böylece, ölüm gerçeği karşısında bir savunma tepkisi ortaya koymaktadırlar. Bunun da başlıca iki şekli vardır: Birincisi, "maskeleme" diye isimlendirilebilecek bir davranış biçimidir ki, bu durumda kişi kendisini günlük işlere bütünüyle kaptırmakta ve ölüm hakkında düşünme fırsatı kalmayacak şekilde kendini meşgul etmektedir. İkincisi ise "bastırma" davranışıdır, kişi ölüm kavramını şuurdan atarak etkisiz hale getirmeye çalışmaktadır. Genel olarak dindar insanların ölümü şuurlarında çok canlı tutma eğilimi içinde oldukları, ölüm gerçeği ile yüz yüze gelmekten kaçınmadıkları bir gerçektir. Bununla birlikte ölüm ötesine duyulan inanç bir yerde teselli kaynağı olurken, aynı zamanda kaygı ve sıkıntı kaynağı da olabilmektedir.[1]

Çok sevdiğimiz bir söz vardı. Şiar edinmiştik kendimize: **"İnsanlar uyurlar, ölünce uyanırlar..."**. Hakikaten böyleydi etrafımızdaki pek çok insanın durumu. Derin bir gaflet uykusuna dalmış, sadece dünyalık işler peşinde koşturup duruyorlardı sürekli. Sabah erken kalkıp okula gitmek istemeyen şımarık çocuklar gibi bir sağa bir sola dönüyorlardı yataklarında. Uyanmak istemezcesine. Rahatımızı bozmayın, uykumuzu bölmeyin diyorlardı adeta. **Oysa uyumak için çokça vakti olacaktı insanın, toprağın altına girdiğinde. Vakit uyanık olma vaktiydi üstelik. Öteki dünya için hazırlık vakti.**

Zincirlikuyu mezarlığının ana kapısına asılan "Her Canlı Ölümü Tadacaktır." ayetini görüp rahatsız, huzursuz oluyordu kimileri. Her gün geçtikleri yolun üzerinde bu şekilde bir uyarıyı görmek istemiyorlardı. Oysaki huzursuz olunacaksa şayet, şimdi bu dünyadayken huzursuz olmak sonsuz bir acı ve huzursuzluktan çok daha iyiydi.

Minarede "ölü var!" diye bir acı salâ...
Er kişi niyetine saf saf namaz... Ne âlâ!
Böyledir de ölüme kimse inanmaz hâlâ!
Ne tabutu taşıyan, ne de toprağı kazan...
Necip Fazıl Kısakürek

---

1 Hayati Hökelekli, **Din Psikolojisi**, Türkiye Diyanet Vakfı Yayınları, Ankara 2003, s. 99-100.

Romalı düşünür Seneca'nın ifadesiyle ölüm, üzerine düşünülmeye değmeyecek önemsiz konular gibi değildir ve esasen bir insana "ölümü düşün" demek, onu hürriyeti düşünmeye davet etmektir:

Ölüm, iyi veya kötü kesilmiş bir saç kadar önemsiz değildir. Bir kötülük değildir, ama kötü bir görünüşü vardır. Yaşamak arzusu ile çözülüp dağılmak korkusu her insanda yerleşmiştir. Ölümden korkumuzun sebeplerinden biri de bilgisizliktir. Bilinmeyen şey bizi ürkütmektedir. Ruhumuzu güçlendirmemiz ve onu ölüme yaklaşacak, ölüme korkmadan bakacak hale getirmemiz gerekir. Küçük çocuklar ve zihin yapıları zayıf olanlar ölümden korkmuyorlar. Akıl yürütmeden yoksun varlıkların sahip olduğu bu güveni akıl bize sağlamazsa ayıptır. Bir insana "ölümü düşün" demek, onu hürriyeti düşünmeye davet etmektir. Ölümü öğrenen insan köle olmayı unutur.[2]

Bu dünyadaki mutluluk ve başarıya dair özlü sözleri beğenip asarken duvarına içi heyecan dolan biri, düşünmüyordu bir kez olsun aslında ölüm kadar gerçek ve kalıcı değildi bunların hiçbiri. Ölümün insanı ne şekilde, hangi haldeyken yakalayacağı da belirsizdi. Bir harama girerken örneğin ya da bir suç işlerken ölebilirdi biri. Ya da sadece kendi ölümüyle kalmayıp, aşırı alkollü bir şekilde direksiyon başındayken hem kendi hem de başkasının hayatına son verebilirdi. Yakabilirdi başka canları da. **Madem ölümün bizi ne zaman ve ne şekilde yakalayacağı belli değil, o halde herkes yaşantısına dikkat etmeli!**

Mutlaka öleceğimize göre, herkes öldüğü sırada bir şeyler yapıyor olmalı; tarla sürerken, kazma sallarken, ticaret yaparken, bir konsüle hizmet ederken, kabızlık ya da ishal sancıları çekerken ölebiliriz. O halde ölüm sizi bulduğu sırada

2 Aktaran: Müfit Selim Saruhan, 'İslam Filozof ve Düşünürlerinde Ölüm Korkusu ve Tedavisi', A.Ü.İ.F.D., Cilt 47, Sayı:1, s. 90.

ne yapıyor olmayı dilerdiniz? Kendi adıma ben, insana yakışır, faydalı, insanların genel görüşlerine aykırı olmayan ve soylu bir davranışta bulunurken ölmeyi tercih ederdim.

Fakat çok yüce şeyler yaparken beni bulmayacaksa, en azından yapmama izin verilmiş ve hiç kimsenin engel olamayacağı bir şey yapıyor olmayı dilerdim; kendime çeki düzen vermek, görünüşleri kullanma yetimi geliştirmek, zihnimin huzuru için çabalamak, ilişkilerimi olmaları gerektiği gibi düzenlemek...

Ölüm beni bu şeylerden biriyle uğraşırken yakalayacak olursa, ellerimi Tanrı'ya açıp şunları söyleyebilmek benim için yeterli olurdu: 'Senin bana bağışlamış olduğun hükümranlığı kavrama ve ona itaat edebilme yetilerimi ihmal etmedim. Davranışlarımla senin onurunu çiğnemedim; hislerimi ve genel ilkelerimi nasıl kullandığıma bak. Seni bir kere bile suçladığım oldu mu? Yaşadığım hiçbir olaydan şikâyetçi oldum mu? Olan hiçbir şeyin olmamasını diledim mi? Bu ilişkilerimden bir tanesini bile çiğnemeyi aklımdan geçirdim mi? Sen bana hayat verdin ve bu hayat için sana teşekkür ediyorum. Verdiğin şeyleri kullandığım sürece hep hoşnut oldum; şimdi onları geri al ve nereye istiyorsan oraya bırak. Çünkü hepsi sana aitti ve onları bana sen vermiştin.' Ölürken bu düşüncelere sahip olmak yeterli değil midir? Hangi hayat bu düşüncelerle ölen bir insanın gözünde bu ölümden daha iyi olabilir? Hangi son daha mutlu olabilir?[3]

Epiktetos

Bankaya borçlandığınızı ve bu yüzden evinize ipotek konulduğunu hayal edin. Banka yetkililerinden yapmanız gereken ödemeler ile ilgili bildirimler alıyorsunuz. Siz ise tüm bu tebligatları kulak

3 Epiktetos, **Söylevler**, çev. Birdal Akar, Şule Yayınları, İstanbul 2010, (4,10).

ardı ediyor ve yırtıp atarak evinizin üzerindeki ipoteği düşünmeden yaşamaya devam ediyorsunuz. Ama bir gerçeği göz ardı ediyorsunuz. Siz düşünmeseniz de önemsemeseniz de evinizin üzerindeki ipotek devam etmekte. Bankanın her an gelip sizi evden atması ya da evinizi satışa çıkarması mümkün. Ölümü düşünmeden yaşasanız da ölüm gerçeğinin hiçbir zaman değişmediği ve ömrünüze her an el konabileceği gibi. **Unutmayın bedeniniz de, ömrünüz de size ait değil. Hepsi gerçek sahibinin. Üzerinizde ipotek var.**

بسم الله الرحمن الرحيم

Hiç kimse, yarın ne kazanacağını bilmez. Hiç kimse, hangi yerde öleceğini bilmez. Hiç şüphesiz Allah bilendir, haberdardır.

31 Lokman Suresi Ayet 34

Bir gün öleceğinin farkında olmadan ve Allah'ın emirlerini dikkate almadan yaşayarak hiç ölmek istemeyen kişiler âhirette azaba uğratıldıklarında ise ölmek için bir yol arayacaklardır.

بسم الله الرحمن الرحيم

İş onların söyledikleri gibi değil. Onlar o kıyamet saatini yalanladılar. Ve biz, kıyamet saatini yalanlayanlara alevli bir ateş hazırlamışızdır. O, onları uzak bir yerden gördüğünde, onlar onun kaynayan öfkesini ve uğultusunu işitirler. Elleri boyunlarına bağlı olarak onun dar bir yerine atıldıklarında, orada haykırırlar: "Nerdesin ey ölüm!" Bugün bir ölüm çağırmayın, birçok ölümü davet edin. De ki: "Bu mu daha iyi, yoksa korunanlara vaat edilen o sonsuzluk cenneti mi? O cennet, korunanların ödülü ve dönüş yeridir."

25 Furkan Suresi Ayet 11-15

Bir gün öleceğinin farkında olanlar ise mezar yeri satın alıyorlar kendilerine. Öldükten sonra ortada kalmayalım, yerimiz belli olsun diye. Şüphesiz haklıydılar. Ama yine bu dünyada yatacağı yerin derdine düşüyor ve asıl gerçeği unutuyor çoğu kişi. **Kendine yer hazırlıyor ama kendini o yere hazırlamıyor ne yazık ki.**

بسم الله الرحمن الرحيم

Her canlı ölümü tadacaktır. Hak ettiğiniz karşılıklar size, kıyamet günü, eksiksiz bir biçimde verilecektir. Ateşten uzaklaştırılıp cennete sokulan kesinlikle kurtulmuş olacaktır. İğreti-sefil hayat aldatıcı bir yararlanmadan başka şey değildir.

3 Ali İmran Suresi Ayet 185

Herkes Ölüme Eşit Mesafededir

Üç, beş metre bez imiş, her ölünün hissesi,
Esas gaye imanla vermektir son nefesi.
Yarına sağ çıkmaktan, nasıl olurum emin?
Genç bir delikanlının tabutu geçti demin.
Yüklenecek omzuna cenâzen dört kişinin,
Hesabı sorulacak mahşerde her işinin.
Gençliğine güvenip "Vakit çok erken" derken,
Belki "Elvedâ" bile diyemezsin giderken.
Ahmet Mahir Pekşen

İnsanların büyük çoğunluğu farkında olmasa da ölüm bize sandığımızdan çok daha yakın. Hiç ölmeyecekmiş gibi sadece bu dünya için çalışıp çabalayan insanların bırakın geleceğe dönük olanları, planladıkları günlük işlerini bile yapabilecekleri garanti değildir. Sabah evden çıktığımızda tekrar eve dönebileceğimiz, eşimizin ya da annemizin bizim için yaptığı en sevdiğimiz yemeği bir kez daha yiyebileceğimiz veya sevdiklerimizi tekrar görebileceğimiz garanti değildir. Uygun fiyatlı olması için erkenden rezervasyon yaptırdığımız yaz tatilimize çıkabileceğimiz ya da bir an önce günlerin geçmesini bekleyerek özlem duyduğumuz bir şeye kavuşabilmemiz de. Çok arzuladığımız bir evde oturamayabilir, sevdiğimiz spor arabaya binemeyebilir, özendiğimiz zengin insanlar gibi bir hayat yaşayamayabiliriz. Şüphesiz tüm bunlar ihtimale dayalı şeylerdir. Olabilirler de olmayabilirler de. **Diğer tüm canlılarla ortak olan tek bir paydamız vardır: Ölüm! Ölüm ortak kılar tüm canlıları.** Üstünlükleri ortadan kaldırarak herkesi eşit hale getirir. Kişi ayrımı yapmaz. Gelmeden önce randevu almaz. Şarkılardaki gibi bir ihtimal daha değildir. Kesindir. Hatta siz hiç farkında olmasanız da bu satırları okuduğunuz birkaç saniye içinde, birkaç insan öldü bile yeryüzünde. Zira yapılan araştırmalara göre dünyada her saniye ortalama bir insan hayata gözlerini yummaktadır. Kitabın sonunu getirdiğinizde yüzlercesi daha buna katılacaktır. Peki, bu insanlardan biri olmamanız için ne sebep var sizce?

Bu Gününü Düşünme, Dün Geçti, Yarın Var mı?
Gençliğine Güvenme, Ölenler Hep İhtiyar mı?
Ebû Türâb Nahşebi

Herkes ölüme eşit mesafededir. Hatta kurşuna dizilmek üzere askerler tarafından götürülen bir esirin ölüme olan yakınlığı, evinde sakin bir şekilde gazetesini okuyarak, çayını yudumlayan birinden daha az ya da daha çok değildir. Öyle ki ölümüne kesin gözüyle bakılan bu esir, çeşitli sebeplerle kurşuna dizilmeyebilir. Örneğin tam o sırada büyük bir deprem olabilir. Ya da düşman uçakları esir kampını bombalayabilir. Esir kurtulabilir. Aynı esnada sahilde güneşlenen ya da bahçesini sulayan biri ansızın ölebilir.

Gerçekten de, bir kişi kendi bedeni içinde var olmaya başladığı andan itibaren ölmeye mahkûmdur ve hiçbir an yoktur ki ölüm ona yaklaşmıyor olsun.
Augustinus

Şüphesiz bu senaryo farklı da olabilir. İdam mahkûmu kurşuna dizilerek ölürken, bahçesini sulayan diğeri yaşamaya devam edebilir. Ama bu iki örnek arasındaki tek fark dışarıdan bakıldığında, birinin öleceğine daha kesin gözüyle bakılmasıdır. Ölüme birbirlerinden daha yakın ya da uzak olmaları değil. Son nefesini vermek üzere ölüm döşeğinde bekleyen dedesine yetişmek üzere yola çıkan torunu, dedesinden önce ölebilir örneğin geçirdiği bir kaza sonucu. **İhtimal dâhilindedir esasen insan için her şey. Bir kişi ölümü kendine yakın ya da uzak görebilir. Hayatta bazı şeyler başına gelebilir ya da gelmeyebilir. Ölüm ise kesindir ve kaçınılmaz olarak herkesin başına gelecektir.**

Ufka bakarlar; Ölüm uzakta mı, uzakta...
Ve tabut bekler, suya inmek için kızakta...
Necip Fazıl Kısakürek

İnsanın uzun ya da kısa bir ömür sürmesi de bir gün öleceği gerçeğini değiştirmez. Üstelik yaşam süresi ile ilgili uzunluk ve kısalık tamamen bizim algımızla alakalı bir durumdur. Bazı kelebeklerin ömrü 24 saatle sınırlıdır. Dünyaya gelişi ile bu dünyadan ayrılışı sadece bir gündür. Bunun yanında bir çınar ağacı birkaç yüzyıl var olabilir ya da bir kaplumbağa 200 yıl yaşayabilir. Yine sonsuzla mukayese edildiğinde insanın ömür süresinin bir değeri yoktur. İnsan ise kendi ömrünü uzun sanır oysa ömrü son bulup âhirette diriltildiğinde tıpkı bir kelebeğin ömrü kadar dünyada hüküm sürdüğünü anlar.

Aristoteles, Hypanis ırmağının suları üstünde bir tek gün yaşayan küçük hayvanlar bulunduğunu söyler. Bu hayvanlardan, sabahın saat sekizinde ölen genç, akşamın saat beşinde ölen ihtiyar ölmüş sayılır. Bu kadarcık bir ömrün bahtlısını, bahtsızını hesaplamak hangimize gülünç gelmez? Ama sonsuzluğun yanında, dağların, nehirlerin, yıldızların, ağaçların, hatta bazı hayvanların ömrü yanında bizim hayatımızın uzunu, kısası da o kadar gülünçtür.[4]

Montaigne

Gün boyu izlediğiniz dizi ve filmlerde sayısız insanın öldüğünü görmeniz ölümü sizin gözünüzde önemsizleştirebilir. Oysaki dizi ve filmlerdeki gibi değildir gerçek yaşamdaki ölüm. Bir canlandırma değildir. Geri dönüşü olmayan bir gerçektir. Gazetelerin 3. sayfalarındaki ölüm haberleri ile iç sayfalarındaki ölüm ilanlarını gördüğünüzde ölen ben ya da bir yakınım değil diyerek bunu sıradanlaştırabilirsiniz. Ya da coğrafi açıdan size uzak olan dünyanın herhangi bir yerinde gerçekleşen tsunami, deprem ve sel gibi felaketler sonucu binlerce insanın bir anda ölmesi sizin için çok da bir şey ifade etmeyebilir. Veya sürekli bir çatışma ve savaş halindeki bölgelerde ölen insanlar sizin için sadece bir son dakika haberinden ibaret olabilir. Ancak tüm bu olaylar sonucu ölen insanlardan bir olmamanız ölümün size uzak olduğu anlamına gelmez. **İnsan varsa ölüm de vardır. Alınan her bir nefesin yarısı yaşam, yarısı ölüm için alınır. Ölüm bize bu kadar yakındır.**

Bazı kişiler, "sürekli ölümü düşünerek yaşayamaz insan", "çekilmez olur hayatı" "bunalıma girer" gibi sözler söyleyebilir. Bu, o kişinin ölüme nasıl baktığı ve yaşantısının ne şekilde olduğu ile alakalıdır. Şayet Allah'ın rızasını gözeterek yaşamışsa kul hayatını, her gün ölümü düşünmesi yemek içmek gibi tabii bir şey gelecektir ona. Rahatsızlık duymayacaktır. Aksine yaşamın da ölümün de hayırlısını dileyecektir Rabbinden. **Tebessüm edecektir ölüme,**

---

4 Montaigne, **Denemeler**, çev. Sabahattin Eyüboğlu, Türkiye İş Bankası Yayınları, İstanbul 2009, s. 71.

tıpkı yeni doğan bebeği kucağına verilen annenin tebessümü gibi. Yeni bir yaşam sayacaktır ölümü.

Durum bu kadar açık ve gerçek olunca esasen ölüm kaçılacak değil aksine sürekli hatırlanarak hazırlık yapılacak bir şeydir. Gazzâlî'ye göre ölüm gelmesinde şüphe olmayan bir gerçekliktir ve gelecek olan her şey insana yakındır. Augustinus ise herkesin ölüme eşit mesafede olduğunu söyler.

> *Kendisine ölümün pek yakın olduğu kimseye, sadece onu düşünmek, sadece onu anmak, o maksatla hareket etmek, onun hesabıyla meşgul olmak, zihnini ona vermek, sadece onu beklemek, kendisini ölülerden saymak ve onlarla bir görmek yaraşır.* ***Zira gelecek olan her şey yakındır. Uzak olan ise gelici değildir.***[5]
>
> ***Gazzâlî***

> *Muhakkak ki hiç kimse ölüme bir yıl önceye göre bir yıl sonra daha yakın değildir ya da yarın ölüme bugüne veya bugün düne yahut biraz sonra şimdiye ya da şimdi az önceye göre daha yakın değildir. Bunun nedeni şudur: Hayatımızın uzunluğu ne olursa olsun, bu, ömrümüzün bütününden eksiltilecektir ve geriye kalan her gün biraz daha az bir vakit olacaktır. Dolayısıyla şimdiki hayatımız, ölüm hedefine doğru koşulan bir yarış gibidir. Bu yarışta hiç kimse mola alamaz veya biraz bile yavaşlayamaz, aksine herkes eşit bir hızla ölüme doğru hareket etmekte ve ilerleme hızında herhangi bir değişim söz konusu olamamaktadır.*[6]
>
> ***Augustinus***

5 Aktaran: Faruk Karaca, **Ölüm Psikolojisi**, Beyan Yayınları, İstanbul 2000, s. 65.

6 Aktaran: Kaan H. Ökten, **Ölüm Kitabı**, Agora Kitaplığı, İstanbul 2010, s. 141.

Kimisi uzun bir ömür yaşamak için stresten uzak doğal bir ortamda hayatını sürdürebilir. Ömrünü uzun kılmak ve sağlıklı yaşamak için dikkatli beslenip sürekli spor yapabilir. Şüphesiz aklı başında herkesin sağlığına dikkat etmesi gerekir. Ama hayatını ne şekilde yaşarsa yaşasın herkesin kaçınılmaz sonu ölümle kesişir. Ama uzun, ama kısa. Ölüm yakın kılar her süreyi insana. Siz hiç beklemediğiniz, hiç sanmadığınız bir anda, bir de bakarsınız ansızın çıkıverir karşınıza. **Bu yüzden erken ya da geç değildir hiçbir ölüm. Olması gerektiği zamandadır sadece. Vakti dolup da bittiğinde kula verilen ömür, insanlar onu genç ya da ihtiyar görür.**

Ölüm bir şerbettir, her insan onu içecektir.
Kefen bir elbisedir, her insan onu giyecektir.
Tabut bir binektir, her insan ona binecektir.
Mezar bir kapıdır, her insan o kapıdan girecektir.
Anonim

Mal Sahibi, Mülk Sahibi, Hani Bunun İlk Sahibi?

Neylersin ölüm herkesin başında,
Uyudun uyanamadın olacak.
Kim bilir nerde, nasıl, kaç yaşında.
Bir namazlık saltanatın olacak,
Taht misali o musalla taşında...
Cahit Sıtkı Tarancı

Şuan birilerinin sahip olduğu zenginlik ya da mala daha önce ne çok kişinin sahip olduğunu, ancak şu an hiç birinden eser kalmadığını düşündünüz mü hiç? Dünya var olalı kaç medeniyet geldi geçti yeryüzünden. Ne çok şehir inşa edildi, ne ihtişamlı yapılar. Milattan önce inşa edilmiş dünyanın yedi harikası vardı hani. Keops Piramidi, Babil'in Asma Bahçeleri, Artemis Tapınağı, Zeus Heykeli, Rodos Heykeli, İskenderiye Feneri, Halikarnas Mozolesi. Keops Piramidi dışında hangisi kaldı ayakta? Yok olup gitmedi mi her biri? Tıpkı zamanı geldiğinde şu anki yedi harikanın yok olacağı gibi.

Krallar ve imparatorlar. Soylular. Hanedanlar. Hükmedilen topraklar... İskender Makedonya'dan Hindistan'a kadar topraklara hükmediyordu bir zamanlar. Ya da İstanbul örneğin. Kaç uygarlığa beşiklik etti bunca zaman? Roma, Bizans, Osmanlı. Topkapı sarayından yönetilirdi bir zamanlar dünya. Koca kralların dizi titrerdi belki geldiğinde saraya. Şimdi tüm dünyadan insanlar gelip müze niyetine geziyorlar. Nerede o hükümdarlık, o ihtişam? Tüm dünyaya hükmedebilirsiniz, ancak ölüme hükmedemedikten sonra neye yarar mülk üzerindeki geçici hâkimiyetiniz?

Sahilde gezerken gördüğümüz ve bazen keşke biz de böyle evlerde yaşasak dediğimiz yalılarda daha önce ne çok aile ne çok insan yaşadı kim bilir. Yerlerine yenileri geldi tıpkı şu an yaşayanlardan sonra yenilerinin geleceği gibi. Yunus'un dediği gibi: "**Mal sahibi, mülk sahibi, hani bunun ilk sahibi? Mal da yalan mülkte yalan. Al biraz da sen oyalan**".

Ölüm, insana, sahip olduğu canın dahi kendisine ait olmadığını öğretir. Canının bile gerçek sahibi olmayan birinin maddi şeylerin sahibi olduğunu düşünmesi çok anlamsızdır.

Sadece Allah'tır her şeyin gerçek hâkimi. Mülk üzerinde irade ve kudret sahibi. Hem mal sahibi, hem mülk sahibi, hem ilk sahibi, hem tek varisi. İnsan ise hem geçici bir heves, hem de sınırlı nefes sahibi. Dünya hayatına dalıp da edindiği tek şeyi, sonsuz yaşama nazaran bir oyun ve oyalanmadan ibaret olan geçici dünya nimeti.

بسم الله الرحمن الرحيم

Şöyle yakar: "Ey mülkün Malik'i, sahibi olan Allah'ım! Sen mülk ve saltanatı dilediğine verir, mülk ve saltanatı dilediğinden çekip alırsın. Dilediğini yüceltir aziz edersin, dilediğini alçaltır zelil kılarsın. İmkân, mal ve nimet senin elindedir. Sen herşeye kadirsin."

3 Ali İmran Suresi Ayet 26

Kefenin Cebi Yok...

"Kefenin Cebi Yok" sözünü duyarız hep büyüklerimizden. Evet, çoğumuz bunu bilir ve tekrar ederiz. Peki, kaçımız bunun farkında olarak yaşarız? Yani şöyle bir düşünelim; geçici dünya hayatında öleceğini bilmesine rağmen, hiç ölmeyecekmiş gibi hayat süren insan, kefenin cebi olmadığını bilmesine rağmen, sanki beraberinde uçak dolusu bavul götürecekmiş gibi hırslanmakta, doyumsuzluğa, bencillik ve cimriliğe kapılmaktadır.

Ölüm daima gözünün önünde olsun. O zaman asla âdî endişelere düşmezsin ve maddi hiçbir şeyi hırsla arzu etmezsin.
Epiktetos

Maddi şeyler, tıpkı manevi şeylerde olduğu gibi Allah'a gönülden bağlı samimi insanlara yakışmaktadır. Kimi insan zenginliği kendi namı, etrafına hava atmak, dilediği her şeye sahip olmak ve büyüklenmek için bir gereklilik olarak görürken gerçek bir inanan için zenginlik, Allah yolunda yapılacak hayırlı işlerde kullanılacak bir araçtır sadece. Çünkü bu inançtaki bir kul bilir kendisinin emanetçi, gerçek mülk ve yönetimin sahibinin ise sadece Allah olduğunu. Bu yüzden anlamsız hırslara kapılıp maddenin esiri olmaz. Bir müslümana yakışır gibi davranır. İnsanları küçük görmez, aşağılamaz. Sahip olduklarını Allah yolunda kullanır, ihtiyaç sahipleri ile paylaşır. İşte sadece böyle olan kula para ve maddi şeylere sahip olmak yakışır.

Bir uçakta yolculuk ettiğimizi hayal edelim. Pilot, uçağın her an yere çakılma riskinin olduğunu, bu yüzden ağırlık adına ne varsa uçaktan atılması gerektiğini anons etmiş olsun. Herhalde işin ciddiyetini kavrayan ve malına en azından kendi hayatından daha fazla kıymet vermeyen herkesin bavullarının toptan aşağıya atılmasına, bırakın bavullarını, hayatının kurtulması uğruna sahip olduğu tüm malın ve mülkün ihtiyaç sahiplerine dağıtılmasına razı olacağı şüphesizdir. Peki, sizce yaşantımızın bu manzaradan ne farkı var? Yani acaba oturduğumuz yerde, havada uçarken olduğumuzdan daha mı az karşı karşıyayız ölümle?

Evet, genelde bu şekilde düşünmek doğaldır. Ancak yiyip içerken bir anda boğulup nefesimizin kesilmeyeceğinin ya da küçük bir damar tıkanıklığı ile kalbimizin yetersiz kalmayacağının garantisi nedir? Yani herkesin nefes alabiliyor olması, nefes alma olayındaki mükemmelliği azaltacak bir durum mudur? Bir an nefessiz kaldığımızı düşünelim sizce bu durumdan kurtulup yine eskisi gibi rahat nefes alıp verebilmek için sahip olduğumuz her şeyden vazgeçmez miydik? **Sadece uçakta yere çakılma korkusu yaşadığımız ya da denizin üstünde azgın dalgalarla baş başa kaldığımız zaman mı Allah'a sığınıp, şu dünya hayatının geçiciliğini hatırlayacağız?**

Büyük Hükümdar Selahattin-i Eyyübi dünyadan göçme zamanının geldiğini anlayınca Şeyh-ül İslâm'ı çağırır ve ona:

- Bir insan öldüğü zaman ne kadar kefen gerekir?

- Altı arşın hükümdarım.

Bir mızrak ve bir kefen getirilmesini ister. Bir asker çağırıp: "Bu kefeni mızrağa tak. Bağdat sokaklarında dolaş ve şöyle de: Ey ahali! Ülkeler, servetler sahibi Selahattin-i Eyyübi yalancı dünyadan ebedi âleme şu kefenden başka servet götüremiyor, ibret alın!.."

Sayısız cenaze törenine katılmışızdır. Musalla taşı üzerinde duran tabutun içindeki merhum ya da merhumenin beraberinde kefenden başka bir şey bulunduğunu göreniniz oldu mu? Ölüm anından itibaren ölen kişinin dünya hayatında ardında bıraktığı makam, mevkii, şan ve şöhretinin kendisine herhangi bir faydası var mı? **Ölen kişi kim olursa olsun ister bir devlet başkanı, zengin bir iş adamı**

ya da sıradan biri. Geride bırakır şanı, şöhreti, unvanı, malı. Er kişi ya da hatun kişi niyetine kılınır namazı.

Yoklansın kafası mezarda her ölenin
Farkı var mı bakalım, hükümdarla kölenin?
Gazneli Mahmut

Bir anlamı var mı geride bırakılan evlerin, arabaların, eşin, dostun, akrabanın, banka hesaplarının, altın stoklarının ya da borsadaki hisse senetlerinin? Ne bunların ne de benzerlerinin hiçbir değeri yoktur artık. **İnsanın dünya hayatında yaşarken yaptığı kulluk vazifeleri, hayırlar ve ihlâslı davranışlar dışında, beraberinde götürebileceği kendisine yarar sağlayacak bir güvencesi yoktur.** "Benim" dediği canı ve hayatı kendisinin değildir aslında, bunu ona verenindir. "Benim" dediği mala da sahip değildir artık, sıra varislerinindir. Onlardan da sonrakilere geçecektir. Doğumunda geldiği gibi gidecektir bu dünyadan. Gelirken bir şey getirmediği gibi, giderken de bir şey götüremeyecektir.

Ana rahminden geldik pazara,
Bir kefen aldık döndük mezara.
Yunus Emre

Cimridir, doyumsuzdur insan, ama şu gerçeği unutur her defasında: Fizyolojik ve biyolojik kapasitesi oldukça sınırlıdır aslında. Örneğin yemeklerle doldursa da bir masayı, midesinin alabileceğinden fazlasını yiyemez haliyle. Birden çok sahip olduğu hiç bir şeyi, aynı anda kullanamaz. Birden fazla arabaya binemez aynı anda ya da birden fazla evde yaşayamaz. Aynı evde yirmi odası olsa aynı anda birden fazla odada kalıp, birden fazla yatakta yatamaz. Bedeni ölçüsündedir esasen kaplayacağı alan. **Binlerce hektar toprağa sahip olsa da örneğin bir insan, öldüğünde toprağın altında işgal edeceği yer de bedeni ölçüsündedir. Kefeni ise boyu ölçüsünde.**

Sırtında birkaç deve yükü hırs, tamah var iken, ecel yoluna nasıl gidebilirsin? Yüklerini biraz hafiflet ki, mezara sığabilesin.
Abdurrahman Câmi

Evet, cebi yoktur kefenin ve insanın beraberinde götürdüğü tek şey amel defteridir. Yaptığı iyilik ve hayırlardır artık yanına kâr kalan varlığı. Şayet dünyadayken Allah'ın emirlerine uygun bir kul olarak yaşamışsa hayatını, dünyanın bütün servetine değişmez o hayırların tek bir parçasını. Pişmanlığı dünyada yaşayamadığı zevkler değildir artık. Anlamıştır gerçekte neyin anlamlı ve kazanılmaya değer olduğunu. Gönülden arzu eder yaşarken daha fazla hayır yapmayı, amel defterini iyilikler ile doldurmayı, kötülüklerden uzak durmayı. Öldükten sonra tekrardan diriltilip, dünya hayatında sahip olduğu nimet ve imkânlardan hesaba çekildiğinde, geri dönüp de tüm malını mülkünü hayırlı şeyler uğruna sarf etmeyi arzular, o utanç, korku ve pişmanlık sebebiyle.

بسم الله الرحمن الرحيم

Sizden birine ölüm gelip de, "Ey Rabbim, yakın bir süreye kadar beni geciktirsen de içtenliğimi belgelemek için birşeyler vererek iyilik ve barış sevenlerden olsam!" demesinden önce, size rızık olarak verdiklerimizden dağıtın. Allah, süresi gelmiş olan bir canı geriye asla bırakmaz! Ve Allah, yapıp etmekte olduklarınızı çok iyi haber almaktadır.
63 Münafıkun Suresi Ayet 10-11

Öldüğünde kefene sarılması çok da yabancı değildi aslında insana. Öldüğümüzde kefen giydiğimiz gibi hemen hepimiz kundaklanıp sarılmıştık bir örtüye doğduğumuzda. Belki de geldiğimiz gibi gideceğimizi ve çok kalıcı olmadığımızı anlatıyordu bize bu manzara. Başlangıç ve son aynıydı aslında. Tek fark doğduğumuzda sıcacık ana kucağına koymuşlardı bizi, öldüğümüzdeyse kara toprağın bağrına ve günahsız geldiğimiz dünyadan ayrılıyorduk, günahlarımızla.

Ölüm bu, ne hükümdar tanır,
ne soytarı; herkesi aynı iştahla yutar.
Victor Hugo

Dünyada malı mülküyle ya da ben falancanın oğluyum, şu benim amcam, bu dayım diye övünür çoğu insan. Falancanın oğlu, yeğeni olmaktır insanı saygın kılan çoğu zaman. Hiç "Ben Allah'ın kuluyum. Allah benim Rabbim. Ben ona dayanır ona güvenirim" diyen biri gördünüz mü? "Rabbimdir benim sahibim" diyen. Dayısıyla değil de Rabbi ile övünen. Oysaki âhirette kimin nesi olduğunuza göre değil, Allah'a ne oranda kulluk ettiğinize göre muamele göreceksiniz. **Kim olursanız olun, kurtulamazsınız ecelin elinden.**

Dünya umruna meyleni verme
Sen de kurtulmazsın ecel elinden
Ben filanım diye göğsünü germe
Sen de kurtulmazsın ecel elinden
İskender de geldi âlemi gezdi
Zaloğlu Rustem'in tahtını bozdu
Yunus balığıyla deryayı yüzdü
O da kurtulmadı ecel elinden
Söyler derviş Yunus serveti saman
Tacı tahtı aldı gitti Süleyman
Lokmanlar derdine olmadı derman
O da kurtulmadı ecel elinden
Yunus Emre

Başka Sevdalar, Başka Rüyalar

Ölmek, yaratılışınızın şartıdır. Ölüm sizin mayanızdır. Ondan kaçmak, kendi kendinizden kaçmaktır. Sizin bu tadını çıkardığınız varlıkta hayat kadar ölümün de yeri vardır. Dünyaya geldiğiniz gün, bir yandan yaşamaya, bir yandan ölmeye başlarsınız.

Montaigne

Yaşamımızı sorgulamıyor, ölüm gerçeğini düşünmeden yaşıyoruz. Peki, nasıl oluyor da bu şekilde umursamaz ve rahat bir yaşam sürebiliyoruz? Yani insan bu dünyadaki yaşamı ile ilgili her türlü detayı; örneğin nasıl bir evde oturacağını, mobilyasını, aksesuarlarını, duvar rengini, mutfak-banyo dolabını, fayansını, perde ve avizelerini dikkatle, özenle seçip, kendine dert edinip en iyisi olsun isterken, hangi elbisenin hangi ayakkabıyla ya da hangi rengin hangi renk ile uyum sağlayacağını düşünürken, tüm bunların yanında asıl özen gösterilmesi gereken gerçekleri nasıl olurda düşünmeden yaşayabilmektedir? Bu kadar önemli midir küçücük ayrıntılar? Yoksa Platon'un dediği gibi: **"Küçük şeylere gereğinden fazla önem verenler, ellerinden büyük işler gelmeyenler" midir? Bu kadar ucuz mudur insan hayatı? Değmeyecek geçici şeyler uğruna harcanacak kadar...**

Âhirette seni kurtaracak bir eserin olmadığı takdirde fani dünyada bıraktığın eserlere de kıymet verme.
Said-i Nursî

Muhtemelen bunun en büyük sebebi insanların büyük çoğunluğunun önem ve değer verdikleri şeylerin sadece bu dünya hayatındaki geçici maddi şeyler olmasıdır. Önem verilenler maddi şeyler olunca doğal olarak bu şeyler hayatın merkezine konmakta, insanlar ise söz konusu bu merkez tarafından yönetilen içi boşaltılmış bedenlere dönüşmektedirler. Allah insanı yaratmakla kalmamış, aynı zamanda onu türlü nimet ve imkânlar ile donatmıştır. Söz konusu nimetlerin en büyüğü ise iman nimetidir.

Tanrı, imana o kadar büyük bir lütuf hediyesi bahşetmiştir ki, yaşamın tersi olduğu sanılan ölüm, insanoğlunu yaşama ulaştıran bir araç haline gelmiştir.
Augustinus

Allah insana kendisini bildirmiştir. İyi bir kul, iyi bir insan olmasını istemiştir. Hayatının merkezine Allah'ı koymayanlar, her zaman için küçük ve değersiz işlerin peşinde koşmaya mahkûmdurlar. Çünkü esasen hayat, Allah'ın yaşamın merkezine konulması ile anlam kazanabilir. Sonsuzun yanında geçici olanın hiçbir anlam ve değeri yoktur.

بسم الله الرحمن الرحيم

Allah, dilediği kimse için rızkı alabildiğine açar da sınırlayıp kısar da. İğreti dünya hayatıyla sevinip şımardılar. Oysaki dünya hayatı, âhirete oranla sadece küçük bir nimetlenmedir.
13 Rad Suresi Ayet 26

Varlık amacını sorgulamayan; yaşıyor, görüyor, duyuyor, yiyip içiyor ve konuşuyor olmasını yeterli görerek tüm bunların ve onlarca mislinin sebebini düşünmeyen insan; şu kısa dünya hayatında çok çeşitli sevdalara çok çeşitli rüyalara dalarak varlık amacından sapmaktadır. Sabırsız ve kaygısız bir biçimde peşinen geleni sevmekte, elde edeceği sınırlı ve geçici nimetleri, sonsuz ve sınırsız olana tercih etmektedir. Allah'ın bu dünyadaki güzellikleri göstermesi âhiretteki güzelliklerin neler olabileceğini ve onların ne kadar mükemmel olabileceğini anlamamız içindir. Yoksa bunları görüp, bunlarla oyalanıp, Allah'ı unutalım diye değil.

بسم الله الرحمن الرحيم

Hayır; siz çarçabuk geçmekte olanı (dünya hayatı ve nimetini) seviyorsunuz. Ve âhiretten yüz çeviriyorsunuz.

75 Kıyamet Suresi Ayet 20-21

Yarışmak Güzeldir, Ama Ne İçin?

Bilindik televizyon kanallarının pek çoğunda her geçen gün artan çeşitli yarışma programlarına şahit olmaktayız. Kimisi bilgi ve genel kültüre, kimisi cesaret ve tehlikeye, kimisi ses ve dans kabiliyetine, kimisi de farklı yeteneklere dayanmakta. Bu dünyada bulunma amacının Allah için yaşamak ve Allah yolunda hayırlı işler üzerine yarışmak olduğunu unutan insan bedeni, zihni ve hayata bakışı ile hep başka sevdalar, başka duygular için yarışmaktadır.

بسم الله الرحمن الرحيم

Herkesin bir yönü vardır, ona döner. O halde hayırlarda yarışın. Nerede olursanız olun Allah sizi bir araya getirecektir. Allah herşeye güç yetirendir.

2 Bakara Suresi Ayet 148

Allah'ın en başta insanın kendisi için faydalı olan ve onu hayırlı bir kalp tatminine ulaştıracak çeşitli ibadetler emretmesi, pek çok insana zor gelmekte ve kendince gözle görülür bir fayda sağlamadığı inancından olsa gerek, bu ibadetlere karşı, az da olsa bir muhabbet beslememektedir. Oruç tutmayı, yani Allah emrettiği için belirli günlerin belirli saatlerinde aç ve susuz kalmayı çok gören insan, ıssız bir adada türlü zorluklar ve imkânsızlıklar altında yaşam mücadelesi verip, sonunda ödül kazanmayı tutkulu bir sevda ve macera olarak görmektedir. Her türlü tehlikeyi göze alarak bedenini oldukça zorlayacak risklere cesurca atılan insan, Allah yolunda canını riske atması gerekse kaçacak ve sığınılacak bir mekân arayacaktır. Yine güzel görünmek ve çevresindeki insanlar tarafından beğenilmek için çeşitli zayıflama programları uygulayan, spor salonlarına giderek vücuduna sağlam ve estetik bir görüntü kazandırmak uğruna, eğilip kalkarak kaslarını çalıştıran insan, sıra Yaratıcısına olan kulluk ve teslimiyetinin küçük bir göstergesi olan namaz kılmaya gelince üşenmekte, sıkılmakta ve Allah için secde etmeyi gereksiz bulmaktadır.

Allah rızası için yapılacak hayırlı işler söz konusu olduğunda üşenen ya da çeşitli bahaneler ileri süren insan, nefsine hoş gelen bir işi ise hemen yapmaya çalışmaktadır. Güzel görünmek uğruna kumsalda saatlerce güneş altında kavrulmayı göze alan insan, Allah yolunda bir hizmet görmek ya da hayırlı bir iş için seferber olmak söz konusu olduğunda sıcağı bahane edebilmektedir. Bu gibi durumlar için Kur'an'ın insana verdiği cevap ise çok çarpıcı ve sarsıcıdır:

بسم الله الرحمن الرحيم

Allah yolunda, mallarıyla canlarıyla didinmeyi tiksindirici bulup şöyle dediler: "Bu sıcakta seferber olmayın." De ki: "**Hararet bakımından cehennem daha zorludur.**" Bir anlayabilselerdi!

9 Tövbe Suresi Ayet 81

Hayatı, arzuları doğrultusunda yaşamak isteyen insan kendine türlü bahaneler bulmakta ve asıl yapması gerekenleri sürekli olarak ertelemektedir. Oysaki bu dünyaya geldiğimizde elimize son kullanım tarihimizi yani ömür süremizi gösteren her hangi bir belge verilmemektedir. Yani doğan her insan potansiyel olarak her an ölüm gerçeği ile yüz yüzedir. Öldüğü zaman ise bu dünyaya dair yaptığı şeyler ona bir yarar sağlamamakta, hatta ayağına dolanır gibi hesabı namına sorun olmaktadır.

Hiç ölmeyecekmiş gibi bu dünya için çalışıp çabalamaktan, yarın ölecekmiş gibi âhireti için çalışıp çabalamaya fırsat ve imkân bulamayan insan, kendisine verilen kısacık ömrü heba edip harcamaktadır. Üstelik pek çok insan, hayatlarını adadıkları maddi şeylerin birçoğunu elde edemeden ölüp gitmektedir. Yani çaba aynı olsa da çok az kişi elde etmeyi arzuladığı şeyleri elde edebilmektedir. Hırslanıp kendini kaptırsa da dünyevi manada da karşılığını alamamaktadır dünya emeklerinin.

Şu geçeni durdursam, çekip de eteğinden;
Soruversem: Haberin var mı öleceğinden?
Necip Fazıl Kısakürek

Hayatı maddeden ve sadece dolu dolu yaşamaktan ibaret görerek, varlığını ve sonunda kendisine ne olacağını bir kez olsun sorgulamadan bu dünyadan göçüp gitmiş sayısız insan yaşamıştır. Yaşamın amacı ne olabilir ki? Gezmek? Eğlenmek? Bolca tüketim? Alış veriş? Hırslar? Tutkular? Kariyer? Makam? Mevkii? Şan? Şöhret?... Sürekli olarak bunlar pompalanmakta insanlara. Kitlesel iletişim araçlarıyla hissettirmeden enjekte edilmekte bu maddeci ve tüketim tutkunu zihniyet. Peşinden koşulan ve hayatın asıl hedefi yapılan makam, mevki, şan ve şöhrete daha önce ne kadar çok insanın sahip olduğunu ama şu anda hiçbirinin hayatta olmadığını hiç düşündünüz mü? Bir ülkede başbakanlık ya da bakanlık yapmış, çok büyük şirketlerde yöneticiliklerde bulunmuş ya da pek çok filmde oynayarak dünya çapında yıldız olmuş kişileri bir düşünün. Gerek devlet kurumlarının, gerekse özel sektörün internet sayfalarında tarihçelerinin yanında kurucularımız, başkanlarımız ya da yöneticilerimiz gibi başlıklar bulunur. Girip inceleyin herhangi bir kurumu. Yıllarca bu makam ve mevkileri doldurmuş insanların hepsi zamanı geldiğinde görevlerini başkalarına devretmişlerdir. Tıpkı şimdikilerin de zamanı geldiğinde devredecekleri gibi. Kırk yıl önce insanların hayranlık duyarak yeni çıkan filmini izlemek üzere sinema önlerinde kuyruk bekledikleri nice aktörler şimdi ya huzur evlerinde ya da toprağın altındadırlar. Tıpkı şimdikilerin de zamanları geldiğinde olacakları gibi. İnsan için kaçınılmaz olan tek gerçektir ölüm.

Bütün dünya bir oyun sahnesidir. Kadın erkek bütün insanlar da sadece oyuncular. Her birinin giriş ve çıkış zamanları vardır.
William Shakespeare

"Hâlâ onun öldüğüne inanamıyorum." "O ölmüş olamaz." "Ölüm sana yakışmadı." "Son şakasını yaptı ve öldü." Gibi sözler söyleyerek ölümü şaşılacak bir şey sanır kimi insan.

Çok cenazeye şahit olmuşsunuzdur. Hiç "vefat etti, keşke yaşarken âhireti için daha fazla şeyler yapsaydı ve şu günahlardan kaçınsaydı" diyeni duydunuz mu? Mutlaka bu yaklaşımda olanlar da vardır ancak büyük çoğunluğun ortak görüşü vefat eden kişi kaç yaşında olursa olsun, hatta çok yaşlı dahi olsa zamansız gittiği, hayata doyamadığı, görmek istediği yerlerin bir kısmını göremediği, kariyerinde yeterince yükselemediği, torununun sünnetine yetişemediği gibi söylemlerden öteye gitmemekte. Yani yine bu dünya yine bu dünya. Oysaki âhirette dünya hayatında yaptığı hatalar karşısına getirilen ve Allah'ın ayetlerini inkâr eden insan yaşadığı hayattan pişmanlık duyarak derin bir ah çeker ve dünyadayken insan olarak yaşamak yerine "keşke toprak olsaydım!" der (78 Nebe Suresi Ayet 40).

Dünyaya geldiğin zaman sen ağlarken çevrendekiler gülüyordu.
Öyle bir hayat yaşa ki, öldüğünde çevrendekiler ağlarken
sen gülümseyerek âhirete gidesin.
Necmeddîn-i Kübrâ

Ölmeden Önce Yapılması Gereken 101 Şey

Yaşamdan önce ölüme hazırlanmalıyız.
Seneca

Bu aralar oldukça moda oldu ölmeden önce gezilmesi, görülmesi, yaşanması gereken mekânlar, mutlaka izlenmesi gereken filmler, içine dalınması gereken maceralar. Tüm dünyada çok satanlar listesine giriyor bu gibi çalışmalar. Çok şükür insanlar kısa süreli olsa da bazen kaçınılmaz olan bir gerçeğin farkına varıyorlar: Ölüm. Ancak ölümden sonrası için tedbir almak yerine "İnsan bu dünyaya bir kere geliyor, olabildiğince zevklenip eğlenmeye çalışmalı" gibi açık bir gafletin tuzağına düşüyorlar.

Hayatın içinde belki birer renk olabilecek bir takım iş ve uğraşlar, adeta hayatın amacı haline getirilmiş vaziyette. Yani insan oturup az da olsa düşünüp şunu bir sormalı kendine: Acaba gerçekten ölmeden önce yapmam gereken şeyler neler? Görülmesi gereken 101 yer mi? Yoksa izlenmesi gereken 1001 film mi? Acaba bu yerler görülmese ya da bu filmler izlenmese insanın kaybı ne olur? Ya da bu dünyadan sonra gittiği yerde gezdiklerinden mi yoksa izlediklerinden mi sorguya çekilecek insan? Ya kendisine gezip görülmesi gerekli yerlerden endişe ederken, bunun yanında âhiretteki durumun için hiç endişe ettin mi diye sorulacak olursa cevabı ne olacak?

Helal dairesi içinde insanın dünyevi bir takım güzelliklerden istifade etmesine, gezip görmesine, inceleme yapmasına, Allah'ın sanatına ve yaratışındaki üstünlüklere şahit olmasına denilebilecek bir söz yok. Ancak bunu asıl amacından saptırarak ölmeden önce mutlaka yapılması gereken şeyler olarak görmek insanları gaflete düşürmektedir. Bu çalışmaları yapan araştırmacılar son derece iyi niyetli kişiler olabilirler, zaten eleştirimiz insanların niyetlerine değil, bu gibi anlayışların oluşmasınadır. Allah için ya da âhiretim için yapmam gereken bir şey var mı diye kendine sormayan sayısız insan, ölmeden önce yapması gereken yüzlerce, binlerce şeyi merak edip sormaktadır. Bu da ona hayatın amacını unutturmaktadır. Şu anımıza, şu yaşımıza gelene kadar kendimiz için arzuladığımız şeyler ile Allah ve âhiretimiz için arzuladığımız şeyleri düşünüp, bunların küçük bir muhasebe ve mukayesesini yaparsak ortaya içler acısı bir tablo çıkacaktır. Alacağı bir sonraki nefesini dahi Yaratıcısına borçlu olan insan, O'nun huzuruna borç hanesi kabarık bir şekilde geldiğinde, yaşantısının hesabını verirken dünyadaki serveti de gezip gördüğü yerler de ona bir fayda sağlamaz. İnsana fayda sağlayacak tek şey yaptığı hayırlar ve yerine getirdiği kulluk vazifeleridir.

Yavaş hızlıdan, büyük küçükten, zayıf güçlüden, uyanıklık uyumaktan, yaşam da ölümden meydana gelmiştir.
Sokrates

Uzak bir ülkeye seyahate gittiğimizi ve aktarmalı bir uçağa bindiğimizi hayal edelim. Aktarma yapacağımız havaalanına indiğimizde burada beklediğimiz süre içinde bavullarımızı açmaz, burada kalma planları yapmayız. Çünkü biliriz ki asıl uçağımızın bizi götüreceği yer burası değildir. İşte dünya hayatı da asıl varacağımız hayata giderken bekleme yaptığımız havaalanı gibidir. Tek farkı uçağımız bizim bilmediğimiz ama tam da kalkması gereken saatte kalkar. Arıza ya da gecikme yapmaz. Durum bu kadar açıkken nasıl olur da insan kendisi için bir bekleme salonu olan ve kısa bir süre sonra ayrılacağını bildiği bir dünyaya bu kadar sıkı sıkıya bağlanır, anlamak zordur.

Geç olmadan acilen "Ölmeden önce yapmam gereken gerçek şeyler nelerdir?" diye sormamız gerek kendimize. Dünyalık her türlü işimizi ve zevkimizi hemen elde etmek isteyip bunun için çabalarken, âhiretimize yönelik hayırlı işleri ertelememeliyiz. Zira tıpkı dünyevi işlerimiz gibi âhiretimize yönelik işlerimizi de yerine getirebileceğimiz garanti değildir. Ansızın ölüm ile yüzleşerek buna fırsat bulamayabiliriz. Bu yüzden her işimizde önceliği âhiretimize yönelik işlere vermeliyiz.

Büyük randevu... Bilsem nerede, saat kaçta?
Tabutumun tahtası, bilsem hangi ağaçta?
Necip Fazıl Kısakürek

Ateş Seni Çağırıyor...

Dünyadayken insan seyahate gideceği yere göre hazırlık yapar. Oranın hava sıcaklığı gibi iklimsel şartlarına ve genel imkânlarına bakar ve ona göre gereksinim duyacağı şeyleri yanına alır. Yine kürekleri olmayan bir kayıkla denize açılmaz, sağanak yağış olduğunu gördüğünüzde şemsiyesiz dışarı çıkmazsınız. Çünkü bunlara ihtiyaç duyacağınızı bilirsiniz. Ama aynı kişiler öldükten sonra âhirette gitmek istediği yere göre hazırlık yapmaz. Oysaki insan âhirette nereye gitmek istediğine göre hazırlığını yapmalı, ateşe dayanabileceği kadar günah işlemelidir. Evet, ateş bizi çağırıyor. Şeytan ise bu çağrıya uymamız için elinden geleni yapıyor.

Dünyadayken size çok cazip gelen ama yapılması dinen haram olan bir işi yapmanız halinde çok zevk alacağınızı, ancak bu işi yaptıktan sonra sizi koca bir kazanın içinde yanan ateşe atacaklarını hayal edin. Nefsinize oldukça çekici gelen bu işi yapmak istemenize rağmen, sonrasında içinde ateş olan bir kazana girmek istemeyeceğinizden buna cesaret edemeyeceksiniz. Peki, nasıl oluyor da bu dünyadaki yaşantınıza dikkat etmiyor, öldükten sonra süresiz bir şekilde ateşin içinde kalmayı göze alıyor ve buna cesaret ederek haramlara girebiliyorsunuz? **Üzerine kumar oynadığınız şeyin kendi hayatınız olduğunun farkında mısınız? Üstelik hayatınıza son veren ölümden, bunun rövanşını alma şansınız da bulunmamaktadır.**

Meşhur Rus yazar Tolstoy doğu kültüründe bilinen bir hikâye ile örnek vererek bu kadar açık olan ölüm gerçeği karşısında insanların dünya nimetlerinin derdine düşüp onlarla oyalanma gafletini çok anlamlı bir şekilde ifadelendirir.

Çölde seyahat eden bir seyyah, yırtıcı bir hayvanın şerrinden kurtulmak için, kendini, yakınında bulunan bir kuyuya atar. Kuyunun içine düşerken can havliyle bir dala yapışır. Yukarıdaki yırtıcı hayvanın dehşetinden korkarak aşağı inmek ister ancak kuyunun dibinde bir ejderha ağzını açmış avını beklemektedir. Yapacağı bir şey olmadığı için var gücüyle çalılara yapışmaktadır. Ancak bir de ne görsün, beyaz ve siyah iki fare bu çalıları kemirmektedir. Bu acayip hâl içinde iken her nasılsa çalıların üzerine bulaşmış bal damlalarını yalayıp bir kaç dakikalık da olsa zevk almaya çalışmakta, o korkunç hali görmezden gelmektedir...

Allah'ın bizlere peşinen vermiş olduğu nimet ve imkânlar karşısında başımızı secdeden kaldırmasak, ellerimizi duadan indirmesek dahi, Allah'a olan minnettarlığımızın, ihtiyaç ve borcumuzun bitmeyeceğini bilmeli, rahmet deryasından damla isteyene avuç avuç sunulacağını anlamalı, ileride değil hemen şu anda kararımızı vermeliyiz. Ben kendime nasıl bir hayat hazırlıyorum ve seçimlerim âhiretimi nasıl etkiler? Ölmeden önce görmem gereken 101 yeri, izlemem gereken 1001 filmi anladım, peki âhiretim için yapmam gerekenler nelerdir? Bir an olsun soralım kendimize.

بسم الله الرحمن الرحيم

Nasiplendirildiğiniz şeyler şu iğreti hayatın yararından ve süsünden ibarettir. Allah'ın katındaki ise daha hayırlı ve daha süreklidir. Hâlâ aklınızı işletmeyecek misiniz?

28 Kasas Suresi Ayet 60

Tüketti Bizi, Tüketim Zihniyeti

Mezardakilerin pişman olduğu şeyler için,
dünyadakiler birbirini yiyor.
Gazzâlî

Günümüz insanının farkında olmadığı en ciddi hastalıklardan biri aşırı tüketimdir. Daha fazla tüketmenin ve bunun için daha fazla şeye sahip olmanın insanı mutlu edeceği sanılır. Her dönemde benzer aşırılıkları görmek mümkün olsa da özellikle modern çağla birlikte sanayinin gelişmesi ile üretimin artması ve kapitalist kaygılarla bu ürünleri pazarlama yarışı, insanların sürekli olarak tüketme hastalığına yakalanmasına neden oldu. **Üretimin artışıyla birlikte ihtiyaçlar da arttı. Ya da bu ürünlere gerçekten ihtiyaç duyduğumuz gibi temelsiz gerekçelerle insanlık olarak kandırıldık.** Hayatımıza giren her yeni şey sanki o güne kadar varmış ve biz onsuz yapamıyormuşuz gibi vazgeçilmezlerimizden oluverdi bir anda.

Kısa bir zaman önce lüks olarak algılanan pek çok şey gün geçtikçe zaruri bir gereksinime dönüştü zihnimizde. Olmasa da olurlarımız daha çoktu eskiden. Şimdilerde azaldılar. Biz tükettikçe daha fazla ürettiler. İletişim araçları vasıtasıyla hayatımızın her alanına soktukları reklam ve sloganları üzerimize kazıdılar adeta. Yapılan araştırmalardan bir yılda reklam için dünyada ayrılan payın 500 milyar dolar olduğunu öğrendik. Süslü ambalajlar ile gözlerimiz boyandı. Uzun kuyruklar oluşturduk bazen. Ya bir market önünde ya da bir elektronik mağazasının indirim gününde. Güneş doğmadan sıraya girdik. İtip kaktık birbirimizi ilk alışverişi yapabilmek için. Doldurduk alışveriş arabamızı gerekli gereksiz her şeyle. Bu fırsat bir daha ele geçmeyebilirdi zira. **Doldurduk dünyamızı madde ile. Bir yandan içimizi boşalttığımız gerçeğini göz ardı edercesine.**

Önemli olan hayatta en çok şeye sahip olmak değil,
en az şeye ihtiyaç duymaktır.
Platon

Hiçbir şeyi uzun süre kullanamaz olduk. Ustalar vardı eskiden. Tamirciler. Örneğin bir ayakkabı tamircisi. Arada bir ayakkabı su aldığında uğrardık yanına. Belki bir terzi. Arada sökük ya da sade bir elbise diken. Şimdi her şey değişti. Onlar ürettiler. Ürettikçe giydiğimiz ayakkabıyı değiştirmek için reklamlara boğdular bizi. Ayakkabıydı en nihayetinde, kullanım amacı belliydi. Ama yetinmediler. Takım elbise altına ayrı, yürüyüş ve spor için ayrı, koşacaksan ayrı, futbol, basket, tenis için ayrı derken dolaplara sığmaz oldu ayakkabılar. Biraz aşındı mı atılır, sağa sola verilir oldular. Eskiden uzun süre giyilirdi bir ayakkabı ya da bir elbise. Bayramdan bayrama alınırdı ancak yenileri. Bir bir kapandı ayakkabı tamircileri. Onları da tükettik kendimizi tükettiğimiz gibi.

Moda tutkunu oldu insanlar. Bu yılın ya da sezonun trendlerini belirledi birileri, kimileri de bu trendleri takip etti. Oysaki bir bedeni örtmek, sıcak ya da soğuktan korumaktı elbisenin asıl işlevi. Belki biraz da güzel görünmek. Defilelerde, televizyon ve dergilerde yere göğe sığdıramadıkları bu yılın modası, çok geçmeden gözden düşerek geçen yılın modası yapıldı. Görünce üzerine atlayanlar yüzüne bakmaz oldular. Çünkü tüketilmişti o da, eskimişti artık. Malum geçen yıldan kalmaydı. Giymek yakışık almazdı. **İki günlük seyahatlere onlarca bavul elbiseyle gider oldu kimileri. Her yarım saatine bir elbise düşmesine rağmen.**

Marka tutkunu oldu insanlar. Binlerce on binlerce liralar verildi bir metre kumaş parçası ya da bir çift ayakkabıya. Adı sanı vardı zira. Herkesin giyebileceği türden değildi. Eleştirmenler çıktı bir de ortaya. İnsanların kıyafetlerine notlar vermeye, kimini yüceltirken kimini de yermeye başladılar. Çılgına döndü insanlar. Kendilerini beğendirme uğruna. Haftanın rüküşleri seçildi. Haftanın gözdeleri. Yerildi kimisi kazara aynı elbiseyi aldıysa ikinci kez sırtına. Bakın işte diye haykırıldı adeta. İki yıl önceki açılışta da giymişti falanca şu elbiseyi. Bizden kaçmaz. Olmadı bu size yakışmadı dediler. Ya da aynı elbiseyi birden fazla kişinin giymesi ayıp bir şeymiş gibi "piştilendi" insanlar. Birileri de çıkıp ben aynı elbiseyi iki defa giymem. Kabul etmez bu bedenim dedi. Sığmaz oldu elbiseler dolaplara. Gündelik elbise ayrı dedik, işte ayrı, görüşmede ayrı, davetlerde apayrı. **Adeta yürüyen bankamatik gibi gezer oldu kimileri. Üzerinde on binlerce liralık elbise, ayakkabı, çanta ve takılarıyla.**

Müzayedelerde boy gösterdi kimileri. Kalkıp indi eller. Milyonlar ödendi bir eşyaya. Antikaydı zira. Nadide bir vazo ya da bir resim belki de. Yaşarken çalışmalarını karın tokluğuna satan bir ressamın eseri, bir anda hayran bıraktı herkesi. Milyonlar ödendi. 2004 yılında Türkiye'de Osman Hamdi Bey'e ait "Kaplumbağa Terbiyecisi" isimli tablonun 5.5 milyon liraya, 2010 yılında New York'ta Picasso'nun "Yeşil Dallar Arasında Çıplak" adlı tablosunun 106.4 milyon dolara satıldığını öğrendik. Birileri değer biçti, birileri de bu değeri ödedi.

İhtişamlı davetler verdi kimileri, görkemli açılışlar, evlilik ya da sünnet düğünleri. Koca tesisler kapatılıp yüzbinlerce dolarlar harcandı bir gecede. Paralar saçıldı etrafa. Masaların üzeri çeşit çeşit yemekler ile donatıldı. Alabildiğine israf, alabildiğine eğlence oldu birden bire. Günlerce konuşuldu medyada. Nam, şöhret yapıldı.

Tüketim canavarına dönüştürdüler insanları. Çılgınca ve gözü dönmüşçe alış veriş yapar olduk. Sevgilisine ya da kocasına kızan bir kadın rahatlamak için alışverişe verdi kendini. Kocalar ise pahalı hediyeler aldılar karılarına, gönüllerini almak uğruna. **Tek bir gül yetmez oldu zira. Dikeninde tek taş pırlanta yok ise.** Oysa ne farkı vardı o pahalı taşların. Adı üstünde taş değil miydi sanki. Sokakta görüp de üzerine bastıklarımız ya da deniz kıyısında su üstünde kaydırdıklarımızdan ne farkı vardı onların. Belki daha berrak daha parlaktılar doğru. Az bulunuyorlardı o da doğru. Ama biz değil miydik onlara asıl değerini biçen? Ya da birileri değil miydi bu seçimleri bize yaptıran onları bizim için değerli kılan? **Evliliklerin olmazsa olmaz şartı yaptık tek taşı. Önce parmağımıza takıp sonra milletin gözüne soktuk.**

Kişisel bakım, sağlıklı yaşam deyip bir yığın kimyasalı boşalttılar üzerimize. Her geçen gün yeni bir buluş çıktı kozmetikte. Hep daha fazla geliştirildi formüller. Yeni kutulara girdiler. Krem vardı eskiden. O da yetmedi, el, yüz, vücut, parmak arası, topuk, gözaltı, kulak memesi derken onlarca krem türü çıktı karşımıza. Aldık itina ile her bir yerimize sürdük. Onlar olmadan yatamaz, sabah sürünmeden kalkamaz olduk. Önce boyadık yüzümüzü gözümüzü bir yığın kimyasal renk ile sonra başka bir şey sattılar onlardan kalan tozu temizleyelim diye. Aldık, hepsini aldık. Onların yaptığı bizim almadığımız bir şey olmadı. Yapılan araştırmalara göre dünya genelinde kadınların bir yıllık makyaj malzemesi harcamalarının 18 milyar dolar, parfüm harcamalarının ise 15 milyar dolar boyutunda olduğunu gördük.

İki günde Türkiye'nin gündemine oturttuk kimilerini. Aldık en zirvelere çıkarttık. Bazen yanık sesiyle. Bazen de çıplak baldırıyla. Yılın sanatçısı seçtik, sanata dair iki cümle kurmaktan mahrum olanları. Onları da tükettik hemen itiverdik zirveden. İnsanların özel yaşamlarına girdik. Evlerine, yatak odalarına. Mahrem diye bir şey bırakmadık magazin programlarıyla. Medyatikseniz eğer, iki insan oturup sohbet edemez oldunuz bir kafede. Flaşları patlattık hemen tepelerine. Yazdık çizdik bilip bilmeden. Evlilikleri bitirdik. Yuvaları dağıttık. Hem eleştirdik halk olarak hem de müptelası olduk bu programların. Merakla takip ettik medyadan. Kim kimi nerede sobelemiş, ebelemiş. Mahremiyeti de tükettik.

Birkaç aile aynı evde yaşayabilirdi eskiden. Çoğu zaman rahat ve huzur içinde. Paylaşırlardı rızıklarını. Ayırdık herkesi ayrı evlere ayrı yerlere. İmkânsız kıldık birlikte yaşamı. Uzaklaştırdık aileleri birbirinden. Böldük mahalleleri, koca binalar diktik üzerlerine. Kimsenin birbirini tanımadığı. İnsanların birbirlerinden kaçtığı, karşılaştığında bir selamı bile çok gördüğü modern evler inşa ettik. Yeni ihtiyaçlar çıkardık ortaya. Tükettik dostluğu, komşuluğu, arkadaşlığı. Mahalle arkadaşı kavramı kalmadı çocuklarda. Eskiden sokakta birlikte düşüp dizleri kanayan çocukları, oynarken bazen kavga edip sonra sarmaş dolaş olunan arkadaşlıkları bitirdik. PlayStation başında aradık arkadaşımızı. Bir oyunun kahramanı oldu en büyük dostumuz. Ya onu yenmeye çalıştık ya da onunla bir olup gezegenimizi ele geçirmeye çalışan düşmanları. Ürettik ve tükettik.

Oyuncağa boğduk çocuklarımızı. Onlar da sığmadı dolaplara, kutulara. Biz aldıkça onlar biraz oynayıp bir kenara fırlatıp attılar. Onlar attıkça biz yenilerini aldık. Oyuncakları bile değersiz kıldık çocukların gözünde. Arka arkaya dizdiği mandalları tren niyetine yerde sürükleyen bir çocuk kadar bile mutlu edemedik onları. Onları da sürekli tüketime, en kısa sürede eskitmeye eğilimli kıldık.

Aman evi dağıtıp kudurmasın da uslu uslu dursun diye saatlerce televizyon başında çizgi film bağımlısı olmalarına göz yumduk.

Sanki midemizin kapasitesi belli değilmişçesine donattık sofraları. Satın aldık her birinden bir parça tadına bakmak uğruna. Lüks restoranlara gidip kabarık hesaplar ödeyerek birilerine görünmek ayrıcalıklı kıldı bizi. Hatta tabağındaki yemeğin tamamını yemeden bırakmak görgülü, seçkin kıldı kimilerini. Müdavimi oldu kimileri gece kulüplerinin ve ardı ardına patlatılan şampanya şişelerinin, şov uğruna kırılan tabak çanağın, saçıp savrulan dolarların, atılan güllerin. En çok şampanyayı açtırmak ayrıcalıklı kıldı kimilerini!

Eskiden araba sahibi olmak bir ayrıcalıktı neredeyse. Yıllarca kullanılırdı bir araba. Çünkü amacı ulaşımı sağlamaktı kısmen güvenli, kısmen rahat bir şekilde. Yıllarca değişiklik olmazdı modellerde, markalarda. Ama gün geldi insanlar tüketim çılgını olunca araba firmaları da yarışa girer oldular. Neredeyse her yıl değiştirilen modeller, yapılan makyajlar ile bir anda eski kılındı daha yeni saydıklarımız. Çoğu kimse bir iki yıldan fazla binmek istemez oldu aynı arabaya. Yüz binlerce Euro verildi güçlü bir motora. Seçkinlik belirtisi oldu lüks arabalar. Bir başka davrandı size insanlar. Daha saygılı daha hürmetkâr.

Gelişmiş ülkelerde toplumca saygın kabul edilen kesimi genellikle akademisyenler, bilim insanları, yazarlar, düşünürler, sanatçılar, doktorlar, seçkin iş adamları, hâkim ve savcılar gibi önemli pozisyonlardaki kişiler oluştururken bizde ise sadece şarkıcılar, türkücüler, futbolcular, magazinciler, mankenler ve modacılar saygın kişiler oldular. Toplumca benimsenip, olması gerekenden fazla değer biçildi pek çok mesleğe. Magazin dergilerinde boy göstermek ayrıcalık belirtisi oldu kimilerince. Durum böyle olunca da kimsenin çocuğu büyüyünce akademisyen, doktor ya da sanatçı olmak gibi bir hayalin peşine düşmedi tabiatıyla. Artist olmak, şarkı, türkü söylemek, dizilerde oynamak istediler.

Koca Dünyayı da Tükettik Sonunda

İnsani değerleri tükettiğimiz yetmedi doğal kaynaklarımızı da tükettik bilinçsizce. Dünya Doğal Hayat Fonu'nun doğal kaynaklar üzerine yaptığı araştırma raporuna göre günümüzdeki tüketim çılgınlığının dünyanın sonunu hazırladığını öğrendik. Dünyanın doğal kaynakları üzerine bir araştırma yapan bilim adamları, Batılılar başta olmak üzere bütün ülkelere tüketim çılgınlığına son vermeleri çağrısında bulunuyor ve insanları uyarıyorlardı.

Araştırmalara göre ortalama bir Amerikalı, ortalama bir gelişmekte olan ülke vatandaşından 50 kat fazla çelik, 56 kat fazla enerji, 170 kat fazla kauçuk kâğıt, 5 kat fazla tahıl tüketiyor. Kapitalizmin merkezindeki tüketiciler arasında da fark olduğunu görebiliyoruz. Uzmanlar doğal kaynakların bu kadar hızlı tüketilmesinin en önemli sebebinin Batılı ülkelerdeki yüksek tüketim oranları olduğunu belirtiyor. Rapora göre ortalama bir ABD vatandaşı bir İngiliz'in 2 katı, bir Afrikalı'nın ise 24 katı doğal kaynak tüketmekte. Bunun yanında özellikle gelişmiş ülkelerde sıkça görülen obezite yani aşırı yağlanma ve şişmanlık sonucu oluşan, şeker hastalığı, yüksek tansiyon, kalp ve beyin hastalıkları ile kanser gibi hayati tehditlere sebep olan çeşitli hastalıklar ortaya çıkmaktadır. Araştırmalara göre dünya genelinde obezite kaynaklı sağlık problemleri sebebiyle her yıl 2.5 milyon insanın yaşamı son bulmaktadır.

Doğanın dengesini de altüst ettik. Ekolojik dengenin bozulması, toprak erozyonu, orman yangınları, ormanların bilinçli olarak yok edilişi, biyolojik çeşitliliğin azalması, temiz su kaynaklarının hızla kirlenmesi, hava kirliliği, asit yağmurları, küresel ısınma ve küresel iklim değişikliği, radyoaktif kazalar ve atıklar, büyük kasırgalar, seller, tüketim çılgınlığının etkileri olarak karşımıza çıktılar.

Kendimizi de Tükettik

Sevgi ve saygıyı da tükettik. Beklentisiz iyilik yapmaz olduk neredeyse. Başkasında olana göz diktik hep. Paylaşma, yardımlaşma duygularımızı körelttik. Dert edinmedik kendimize bir başkasının derdini. Bizim için de dert oluşturana dek. Hep başkalarına yükledik sorumlulukları, duyarlılıkları. Herkesten anlayış beklerken anlayış fakiri olduk çoğu zaman.

Tüketecek bir şeyimiz kalmadı sonunda, çünkü ömrümüzü tükettik. Üstelik geri dönüşüm kutusuna koyarak geri kazandırma şansımız da yoktu artık. En değerli şeyimizin zaman olduğunu unutup dizi üstüne dizi, yarışma üstüne yarışma ekleyip televizyon başında, internet ortamında yok yere saatlerimizi, gün ve gecelerimizi tükettik. Oysaki olmazsa olmazlarımız değildi tüm bunlar.

Banka kartlarının çok kullanımda vaat ettiği ekstra puanlar insanları daha fazla tüketmeye yönlendirirken, Allah rızası için yapılacak harcama ve kulluk vazifelerinin beraberinde getireceği ekstra puanlar çoğu insanı daha hayırlı işler yapmaya yönlendirmiyor. **Her şeyi tüketiyoruz da iyilik ve hayır yolunda kendimizi tüketmiyoruz. Oysaki hayırlı işler sonunda biriken puanlarınız size sonsuz bir saadet olarak geri dönecektir.**

Hasis sarraf, kendine bir başka kese diktir!
Mezarda geçer akça neyse, onu biriktir!
Necip Fazıl Kısakürek

Öte Tarafta Ayrı Bir Dünya Daha Vardı Oysaki

İnsanların ekonomik açıdan geçim durumları ile ilgili yapılan araştırmalarda dünya nüfusunun yarısına yakınının, günde 2 dolar veya daha az bir parayla yaşamaya çalıştığı açıklanmıştı. Uluslararası Çalışma Örgütü'nden yapılan açıklamada, 2 milyar insanın günde 2 dolar, bir milyar insanınsa yaklaşık 1 dolarla geçinmek durumunda kaldığına dikkat çekiliyordu. Örgütün basın açıklamasında, dünyanın en yoksul yüzde 20'siyle en zengin yüzde 20'si arasındaki uçurumun, son 40 yılda iki kat derinleştiği de vurgulanmıştı. Birleşmiş Milletler verileri de bunu destekliyor. Dünya nüfusunun yarısı, günde 2 dolardan az bir parayla geçinmeye çalışıyor. Dünya üzerinde, 1.2 milyar kişi ise günde 1 dolardan az parayla yaşamlarını sürdürmeye çalışıyor. Çoğu yerde insanların en büyük lüksü su kaynaklarına ulaşabilmek olabiliyor. Öte taraftan Amerika'daki golf sahalarının sulanması için sarf edilen su miktarının Afrika ülkelerindeki su sorununu büyük oranda çözebilecek düzeyde olduğu görülmekte. Akıllara durgunluk verecek bu ve benzeri çarpıklıklar insanlığın büyük oranda duyarsızlaştığının bir göstergesi olmaktadır.

Nijer diye bir ülkenin varlığından haberi dahi yoktur pek çok insanın. Nijer Afrika'nın kuzey batısında bir ülke. Birleşmiş Milletler raporlarına göre dünyanın en fakir ülkesi. 1960'larda Fransa sömürgesinden kurtulmuş. 13 milyon nüfusu var. %95'i Müslüman %2'si Hıristiyan. Toprakları Türkiye'nin 1.5 katı ancak %88'i çöl. Halkın %70'i açlık sınırında. Çoğu Nijerli 10-15 litre su için ortalama 20 km yol katediyor. Ancak bu su, ya kirli gölet suyu ya da yağmur birikintilerinden oluştuğundan ve hayvanlar da aynı sudan istifade ettiğinden insanların büyük çoğunluğu hasta. Ülke yer altı suları açısından kendine yetebilecek olmasına rağmen halkın bu suları yeryüzüne çıkarma imkânı bulunmadığı için çok ciddi su sıkıntısı yaşanmakta.

Dünyanın çok önemli bir bölümünde pek çok insanın en büyük lüksü sadece biyolojik yaşamını devam ettirebilecek kadar yiyip-içmek olabiliyor. Bu konuda sayısız habere ulaşmak mümkün. Örneğin yakın bir zaman önce Guatemala'da yaşanan kıtlık sebebiyle aynı anda 500 kişinin açlık çekerek öldüğü kaydedilmişti. Bir bakıma "kitlesel ölüm" diye de tarif edilmeye uygun olan bu durumun kuraklıktan kaynaklandığı bilinmekte. Bununla birlikte yine aynı yerde 54.000 ailenin yetersiz beslenme sorunu yaşadığı kaydedilmektedir. UNICEF'in Temmuz 2009 tarihli son raporuna göre; Afganistan, Bangladeş, Butan, Hindistan, Maldivler, Nepal, Pakistan ve Sri Lanka'da "çok fakir nüfus" 405 milyonu aştı. 2000'de yapılan milenyum zirvesinde bu bölgedeki "çok fakir nüfusun" 2015'e kadar yarıya indirilmesine karar verildiğinde, bu rakam henüz 300 milyona ulaşmamıştı. Yine verilere göre bugün dünyada altı saniyede bir çocuğun açlık yüzünden öldüğünü görmekteyiz. Birleşmiş Milletlerin küresel gözlem raporu 2009'da küresel kriz yüzünden bir önceki yıla göre 200.000- 400.000 daha fazla çocuğun açlıktan öleceğini yazdı. Kriz öncesi verilere göre yerkürede günde 20.000 çocuk açlıktan hayatını kaybediyor.

Medeni(!) ülkeler yıllarca sömürdükleri, iliklerine kadar indikleri milletlere yüzyıllarca düzelmeyecek seviyede geri kalmışlık ve yoksulluk bıraktılar. Oysaki onların refah düzeyi ve zenginliklerinde bu insanların da hakkı vardı. Önce onlardan kepçe kepçe aldılar. Sonra bazen kaşıkla verip, çoğu zamanda verir gibi yapıp insanlık dersi verdiler tüm dünyaya. **Tüm bu sefaletin bitmesi ve açlık çeken bunca insanın karınlarını doyurabilmeleri, başkalarının sırtından zevk ve sefa süren insanlar ile toplumların gözlerinin doymasına bağlı ne yazık ki. İnsanların karınlarını doyurmak kolay olsa da maddeye bağımlılık hastası gözleri doyurmak oldukça zor.**

Maddi hayata tapanlar,
deniz suyu içenlere benzerler. İçtikçe susuzlukları artar.
Muhiddîn-i Arabî

Doğadaki sisteme baktığımızda pek çok hayvanın ihtiyacından fazla bir tüketimde bulunmadığını görürüz. En vahşi hayvanlar dahi örneğin bir aslan ya da kaplan, tabiatının bir gereği olarak biyolojik ihtiyaçlarını gidermek için avlandıktan sonra kendi köşesine çekilmekte ve karnı tekrar acıkıncaya kadar avlanmayıp, etrafına saldırmamaktadır. Oysa insan ihtiyacından çok daha fazlasını edinmek, çok daha fazlasını tüketmek ister. Bunun için göze almayacağı şey yoktur. **Ama söze gelince biz doğadaki hayvanları vahşi bilir insanı medeni sayarız.**

بسم الله الرحمن الرحيم

Yoksa sen bunların çoğunun işittiğini, akledip düşündüğünü mü sanıyorsun? Onlar hayvanlar gibidirler, hatta yolca, hayvanlardan da şaşkındırlar.

25 Furkan Suresi Ayet 44

Oysaki dinler ve özellikle İslam dini her dönemde paylaşmayı, yardımlaşmayı ve insanlar arasında adaletin sağlanmasını emretmiş ve insanların mümkün olduğunca eşit sosyal imkânlara sahip olmaları gerektiğini vurgulamıştır. Kur'an ayetleri "Yiyin, için fakat israf etmeyin. Allah israf edenleri sevmez." (A'raf Suresi Ayet 31) diyerek israftan kaçınılması gerektiğini, "Allah, rızıkta kiminizi kiminize üstün kılmıştır. Fazla verilenler, rızıklarını ellerinin altındakilere aktarıp da hepsi onda eşit hale gelmiyor. Allah'ın nimetini mi inkâr ediyor bunlar?" (Nahl Suresi Ayet 71) diyerek de Allah'ın, zenginleri zenginlikleri, fakirleri ise fakirlikleri ile imtihan ettiğini ve imkân sahibi olanların mallarını ihtiyaç sahipleri ile paylaşmaları gerektiğini söyler. Sahip olduğumuz hiçbir şeye kendiliğimizden sahip değiliz. Tıpkı sahibi olduğumuza inandığımız, ellerimiz, ayaklarımız, gözlerimiz ve derilerimiz gibi. Sahip olduğumuz şeylerde ihtiyaç sahibi insanların da hakkı vardır. Allah dilese herkesi zengin ya da fakir kılabilirdi. Ama imtihanı içinde insanları maddi açıdan farklı nimetler ile nasiplendirmiştir. Bu dünya hayatında çok zengin olduğu için şanslı, çok fakir olduğu için de şanssız görülen kişilerin Allah katında gerçek manada şanslı olup olmadıkları Allah'ın onları yaratmış olduğu halin gereğini yerine getirip getirmemelerine göre belli olacaktır.

İnsan olarak sorumluluk duymak, bilinçli ve örnek bir kul olmak gerekir. İnsanların içinde bulundukları zorluk ve imkânsızlık haline karşı duyarsız ve umursamaz olan birinin, rüzgârına kapılıp ışıltısına aldandığı dünya hayatında sahip olduğu nimetlerin hesabını vermesi daha da zor olacaktır. Tek başıma ne yapabilirim ki? Elimden bir şey gelmez demek doğru değildir. Zira dünyayı değiştirenler bireylerdir. İnsan olarak geçici dünya hayatına kapılıp boş uğraşlar ile ömrümüzü tüketmek yerine, insanlığın faydasına olan hayırlı işler için uğraşıp çabalamak gerek. **İnsanlık ve manevi duyarlılık alev almış yanıyor. Elinizden gelen bir su damlacığı dahi olsa esirgemeyin. En azından safınız belli olur.**

Olmazsa Olmazlarımız ve Sahip Olduğumuz Gerçek Değerler

İnsanlar çocukluktan sıkılırlar ve büyümek için acele ederler. Ne var ki sonra çocukluklarını özlerler. Para kazanmak için sağlıklarını yitirirler. Sonra sağlıklarını geri almak için de para öderler. Yarınlarından endişe ederken, bugünü unuturlar. Sonuçta ne bugünü ne de yarını yaşarlar. Hiç ölmeyecekmiş gibi yaşarlar. Ancak hiç yaşamamış gibi ölürler...

Platon

Yunanlı filozof Sokrates'e neden hiç üzülmediğini sormuşlar. O da "Çünkü ben kaybedince üzüleceğim şeyler edinmiyorum" diye cevap vermiş. İnsanoğlunun sahip olduğu gerçek değerler maddi karşılıklar ile ölçülemeyecek oranda mükemmellikler barındırır kendi içinde. Üstelik tüm bu değerler biz onları hak edecek bir şey yapmamamıza rağmen Allah tarafından bizlere hediye edilmiştir, dünyaya gelişimizle birlikte.

İman, ahlak, sağlık, huzur, mutluluk... Bu kavramların hangisi satın alınabilir maddi bir değer ile? Ya da maddi şeylerin hangisine gerçek anlamda sahip olabiliriz? Maddenin bize sağlamış olduğu geçici zevk ve mutluluklar ne oranda ve ne zamana kadar bizi tatmin edebilir? Allah'a iman etmek, sığınmak, dayanmak ve güvenmek kadar insana kendini iyi hissettirecek hangi duygu vardır? Ya da onun vermiş olduğu sayısız nimetin karşılığında kulluğunu ifade edebilmek için yerine getirdiği gönülden yapılan bir ibadetin sağladığı huzuru.

Başka hangi duygu yaratılan tüm güzelliklere Allah'ın sanatı gözüyle bakarak tüm bu güzelliklerden manevi bir haz ve mutluluk duymayı, hayatı anlamlı kılmayı ya da varlık amacımızın farkında olarak hayra ve barışa yönelik işler yapmayı sağlayabilir? Hangi duygu insana karşılık beklemeden yardım etmeyi, iyilik yapmayı ve en zor durumlarda bile aklıselim davranmayı gerektirebilir? Hangi duygu ölüme tebessüm ettirerek hoş geldin dedirtebilir? Ölümü, Allah'a kavuşma bilip, düğün gecesi sayabilir.

Maddi şeylere o kadar çok değer biçmişiz ki önce onları elde etmek için heba oluyoruz; elde ettikten sonra da onları kaybetmemek için. Sahip olduklarını yitirme korkusundan dert sahibi olan pek çok insan vardır. Aman ya bunlardan mahrum kalırsam, ya rahatım lüksüm kaçarsa endişesiyle korkulara kapılıp, üzüntülere boğulan. Oysaki farkında olmadığımız ancak maddi hiçbir değer ile kıyas edilemeyecek sayısız güzellik ve özelliğe sahibiz.

Ünlü İslam filozofu Kindî'ye göre üzüntü sevilenlerin kaybından ve isteklerin gerçekleşmemesinden kaynaklanan psikolojik bir rahatsızlıktır. Oysaki filozofumuza göre hiç kimsenin bütün isteklerini elde etmesi mümkün olmadığı gibi sevdiği her şeyi sonuna kadar elde tutması da mümkün değildir. Bunun nedeni içinde bulunduğumuz oluş ve bozuluş dünyasında değişmezlik ve sürekliliğin olmamasıdır. Oysa akıl ve gönül âlemine ait olan şeyler için değişmezlik ve süreklilik söz konusu edilebilir.

Öyleyse sevdiklerimizi yitirmemek ve isteklerimize ulaşmak istiyorsak akıl âlemini gözetmeli; seveceğimizi, elde edeceğimizi ve isteklerimizi oradan beklemeliyiz. Böyle yapıldığında hiç kimse bizim edindiğimiz değerleri gasbedemeyeceği gibi, sevdiğimiz akli değerleri yitirmemiz de söz konusu edilemez.

Zira bu değerler tehlikelere maruz kalmaz ve ölmezler. Bir başkasının bunlara talip olması bizim onlara sahip olmamızı engellemez. Akli kavramlar ortadan kalkmayan yani sürekli idrak olunan şeylerdir. Duyular ile elde edilen haz ve istekler ise herkes tarafından ulaşılabilecek gelip geçici nesnelerdir. Bu sebeple onları korumak, bozulma, değişme ve ortadan kalkmalarını önlemek imkânsızdır.

Bu yüzden gelip geçici şeyleri arzulayan, edindiği ve sevdiği şeylerin bu türden olmasını isteyen kimse mutsuz olur. Sahip olduğumuz iman, ahlak, iyilik ve erdem gibi değerlerimizi biz istemedikten sonra kim bizden alabilir? Ya da bir başkasının da bunlara sahip olması bizim onlardan mahrum kalmamızı gerektirir mi? Gerçek zenginlik insanın iç dünyasında sahip olduğu değerler değil midir? Başka hangi maddi şey insanı tam anlamıyla tatmin edip gerçek manada huzur ve mutluluk getirebilir?

Sahip Olduğumuz Gerçek Değerlerin Ne Kadar Farkındayız?

Hayatımızın merkezine koyduğumuz ve bizim için vazgeçilmez olduğunu sandığımız o kadar çok şey var ki. Nasıl oluyor da önemsiz ve küçücük şeyler gözlerimizde devleşirken olağan üstü sayısız oluşum ve mükemmellik küçülüp önemsizleşebiliyor. Örneğin bilgisayarda yazı yazarken bu işlevin nasıl gerçekleştiğini düşünelim. Düşünen aklımız, gören gözlerimiz, tuşlara dokunan ellerimiz, elimizin altındaki bu bilgisayar ve aynı anda bir sürü kasımızın hareket etmesi. Görüldüğü gibi çok basit bir yazı yazma işleminde bile birbirine bağlı sayısız mükemmellik bir araya gelmekte ve biz farkında olmadan harika bir uyum içinde bir bütünü meydana getirmektedirler.

Sizce Dünyanın Yedi Harikası Nedir?

Dünyanın yedi harikasının ne olduğu sorulsa bize herhalde pek çok kişi tarafından benimsenen harikaları saymaya başlarız hemen. Mısır Piramitleri, Çin Seddi, Tac Mahal... Belki hiçbirini hayatımız boyunca bir kez olsun yakından görmemişizdir. Ama çok da fark etmez aslında görüp görmememiz zira herkesçe benimsenen harikalardır bunlar. Biri çıkıp "Bence dünyanın yedi harikası: Bedenimizin kontrol merkezi **beynimiz**, görebilen **gözlerimiz**, işitebilen **kulaklarımız**, dokunabilen **ellerimiz**, hareket eden **ayaklarımız**, konuşabilmemizi ve tat almamızı sağlayan **dilimiz**, vücudumuza kan pompalayan **kalbimiz**." dese herhalde şaşırırdı çoğu kimse. Oysaki dünyanın gerçek harikaları çoğu zaman önemsizleştirdiğimiz ama her biri birbirinden değerli mükemmelliklerimizdir.

Vücudumuzdaki en hareketli kaslarımızın göz kaslarımız olduğunu ve bir günde ortalama yüz bin defa kasıldıklarını biliyor musunuz? İçinde bulunduğumuz ruh halini büyük oranda ifade edebilecek biçimde yüzümüzün ne kadar fazla şekil alabildiğini görüyoruz. Bu ifadeler için aynı anda kaç tane kasımızın hareket ettiğini düşündünüz mü hiç? Ya sadece göz, kaş, burun, ağız, kulak ve bir çehreden oluşmasına rağmen nasıl olup da benzerlikler olsa da hiç kimsenin birbirinin aynısı olmadığını? Milyarlarca insan. Nasıl bir sanattır bu? Tıpkı yeryüzüne düşen her kar tanesinin insanı hayran bırakan desen ve şekilleriyle birbirinden farklı yaratılması gibi, insanlar da farklıdır birbirlerinden. Ya birbirinin aynısı olsaydı pek çok insan. Nasıl ayırt ederdik birbirlerinden hiç düşündünüz mü?

Vücudumuzda yaklaşık olarak 206 adet kemik ve bunların birbiriyle olan ilişkisinden ortaya çıkan 70'ten fazla hareketli eklem olduğu bilinmektedir. Bu eklemlerden belki de en karmaşık ve benzersiz olanının çene eklemi olduğu söylenebilir. Yapısının mükemmelliğinin yanında uykumuzda dahi çalışmaya devam ederek neredeyse 24 saat boyunca işleyen bir mekanizma gibidir. Çenemizin öne-arkaya-sağa ve sola doğru hareket edebilmesi çok mu normal bir şey? Yediğimiz şeyleri öğütmede bize ne kadar yardımcı olduğunun farkında mıyız? Ya da konuşurken kelimelerin doğru bir şekilde telaffuz edilmesindeki rolünün.

Dil kaslarımızın sahip olduğu fonksiyonlar sayesinde konuşmuyor muyuz? Yiyecekleri çiğnememize ve yutmamıza yardımcı olmuyor mu dilimiz? Tat almıyor muyuz dilimiz sayesinde? Alt tarafı bir et parçası gibi görünse de kaslara ve tat alma hücrelerine sahip olması çok mu normal? Elimiz de bir et parçası gibi ama elimizle tuttuğumuz bir yiyeceği ağzımıza götürmeden tadını almamız mümkün değildir. Dilimizin ucu "tatlı", ucunun hemen arkası "tuzlu", yanları "ekşi", arkası ise "acı" tatları hisseden algılayıcılara sahiptir. Bir et parçasının bu gibi bir hassasiyet ile özelliklere sahip olması çok mu normaldir ya da bu özellikleri kendiliğinden mi kazanmıştır? Tat almadan yemek yemenin ne kadar zevksiz bir şey olacağını hiç düşündünüz mü? Ya da burnumuz sayesinde aldığımız kokuları alamıyor olsaydık, hiç koku alamamanın hoşumuza giden pek çok şeyi ne kadar anlamsız kılacağını?

Birkaç dakikalık zaman zarfı içinde yaklaşık kırk bin deri hücremizin öldüğünün ve yerine yenilerinin yaratıldığının farkında mısınız? Vücudumuzu saran, bizi dış etkilerden muhafaza eden, ısı dengemizi sağlarken aynı zamanda dokunma, acı ve zevk hissimizi veren derimiz, üzerimize tam olan doğal bir elbise değil midir bizim için? Derimiz tamamen ya da kısmen soyulsa ne kadar çirkin görüneceğimizde herhangi bir şüphe var mı? Bir pantolon paçası ya da gömlek kolunun uzun olması gibi ayakuçlarımızdan veya el parmaklarımızdan sarkarak yerlerde sürünse nasıl kötü görüneceğine itirazı olan biri?

Tek bir DNA molekülümüzde tam bir milyon ansiklopedi sayfasını (ortalama 1000 kitap) dolduracak miktarda bilgi bulunduğunu yani her bir hücrenin çekirdeğinde, insan vücudunun işlevlerini kontrol etmeye yarayan bir milyon sayfalık bir ansiklopedinin içerebileceği miktarda bilginin kodlanmış olduğunu düşünen biri var mı? Vücudumuzdaki trilyonlarca hücrede bulunan DNA'nın toplam uzunluğunun tahminen 75 milyar kilometreye tekabül ettiğini ve bu mesafe ile Dünya'nın etrafında ekvatordan itibaren 1 milyar 875 bin defa dönülebileceğinin ya da Dünya ile Güneş arasında 250 defa gidip gelecek bir hat oluşturabileceğinizin farkında mısınız?

Vücudumuzu saran damarlarımızın uç uca eklendiğinde ortalama 160.000 km uzunluğa ulaşacağını ve bu mesafe ile Dünya'nın etrafını tam dört defa dolaşabileceğinizi biliyor musunuz? Günde ortalama 100 bin defa atan insan kalbinin, 10 tonluk tankeri dolduracak miktardaki kanı damarlara pompaladığının farkında mısınız? Bu miktardaki kan, devir daim ile kalbe gelip atılmakta ve bir gün boyunca 10 tonu bulan bir pompalama gerçekleşmektedir. Ya anne karnındaki varlığımızdan ortalama bir ömür yaşayıp ölene kadar 2.5 milyar defa kalbimizin attığını hiç düşündünüz mü? Yine kalbimizin 24 saat içinde sarf ettiği enerjinin ortalama bir insanı 1500 metre yüksekliğe kaldırabilecek bir güce karşılık geldiğini biliyor musunuz?

Doğal olarak bizim için önemsiz görülen tırnaklarımızı kesip attığımızda onların nasıl olup da tekrar çıktıklarını düşünmeyiz çoğu zaman. Ama tek bir parmağımızı kapıya sıkıştırıp bırakın parmağımızı kaybetmeyi örneğin bir tırnağımızı düşürdüğümüzü hayal edelim. Tek bir tırnağımızın eksikliği bile elimizin yeterince çirkin görünmesine neden olacaktır. Bunların ve daha pek çoğunun ne kadar farkındayız? Anlayamadığımız ya da kavrayamadığımız pek çok şey var hayatımızın içinde.

Belki de dünyevi manada en büyük zenginliğimiz sağlığımızdır. Ama kaçımız sağlığımızın kıymetini biliriz? Çoğu zaman maddi şeylerin derdine düşmekten sağlığımızdan oluruz. Yeniden kazanmak için de peşinde koştuğumuz parayı pulu sarf ederiz. Gözü ele alalım örneğin. İnsan gözü ne de harika bir organdır. Bir an olsun yokluğunu düşünmek insan için en korkunç kâbuslardan daha ürkütücü gelmez mi? Peki etrafımıza bakıp canım ne olacak yani milyarlarca insanda olan bir şey zaten demek, bu mükemmelliği küçümsemek ve doğal kabul etmek onun mükemmelliğini ortadan kaldırır mı? Ya da sahip olduğumuz benzeri pek çok özelliğin yeterince takdir edilmemesi bunların önemsiz olduğunun göstergesi midir?

Yeni model bir cep telefonunun kamerasındaki görüntünün netliğine veya resim çekebilme kabiliyetine hayran kalan, yeni nesil yüksek çözünürlüğe ya da üç boyutlu gösterim kabiliyetine sahip bir televizyonun dizi ve filmleri gerçeğe o denli yakın göstermesi karşısında hayrete düşen insan, sahip olduğu gözün görme kabiliyetini ve birkaç saniye içinde onlarca resim çektiğini bir kez olsun düşünmemektedir. Ya da bir fotoğraf makinesiyle resim çekerken netlik ayarı yapan kişi kendi gözleriyle gördüğü nesneler için herhangi bir netlik ayarı yapmıyor olmasına şaşırmaz. Baktığımız ya da odaklandığımız nesneleri net bir şekilde görebilmek için kafamızın yanında bir ayar düğmesinin olmaması ve her defasında gözümüzün otomatikman görüntüleri netleştirmesi çok mu normaldir? Şayet baktığımız her şeyi başımızın yanındaki bir düğme yardımıyla sağa sola ya da yukarı aşağıya çevirmek suretiyle ayarlamamız gerekseydi bunun ne kadar çok zaman alacağı ve hayatı yavaşlatacağı konusunda herhangi bir şüphe var mı? İnsan bu gibi olağanüstülüklere şaşırmaz. Neden? Çünkü bunlar doğuştan sahip olunan özelliklerdir ve sağlıklı gözlere sahip insanların tamamı bu şekilde bir gereksinim duymadan görebilmektedirler.

بسم الله الرحمن الرحيم

Allah odur ki; sizin için işitme gücü, gözler ve gönüller oluşturdu.
Ne kadar da az şükrediyorsunuz!
23 Müminun Suresi Ayet 78

İşitme gücümüz olmasaydı gün boyu ne kadar çok tehlike ile karşı karşıya kalabileceğimizi ve işitemediğimiz için, dolayısıyla konuşamayacağımızı da hiç düşündünüz mü? Ama biz yine bir müzik sistemindeki ses düzenine hayranlık duyarken, sahip olduğumuz işitme yeteneğindeki mükemmelliğin ve hassasiyetin farkına bile varmıyoruz. Aynen gözümüzde olduğu gibi işitmek için de herhangi bir ayar yapmaya ihtiyaç duymayız. Radyo düğmesi gibi bir düğme ile sesleri net bir şekilde duymak üzere kulağımızı sağa sola doğru çevirmek durumunda kaldığımızı bir düşünün. Ya da bir sabah uyandığımızda hiçbir şey işitemeyip hiçbir şeyi göremediğimizi hayal edelim. Ne kadar dehşet verici değil mi? Bize bu yetenekleri verenden başka kim bizi tekrar işitip gören kılabilir?

بسم الله الرحمن الرحيم

De ki: "Düşünün bakalım; Allah, işitme gücünüzü,
gözlerinizi alsa, kalpleriniz üzerine mühür bassa,
Allah'tan başka hangi ilah onları size geri verecek?"
6 Enam Suresi Ayet 46

Televizyonda gördüğümüz teknoloji ürünü robotların yürümesi, eğilmesi, kollarını hareket ettirmesi, hatta bazı kelimeler ile konuşabilmesi hayran bırakır çoğu kişiyi. Ama öte taraftan buna hayranlık duyan pek çok kişi yürürken, otururken, konuşurken, gülerken ya da yaptığı en küçük bir eylemde bile kaç tane kasının hareket ettiğini bir kez olsun düşünmez. İnsan bütünüyle en küçüğünden en büyüğüne sahip olduğu işlevler ile başlı başına bir hayranlık gerektirir. Gözlerini kaybetmemek için servetini vermeye razı olmayacak biri var mıdır? Gün boyu yaptığımız pek çok işte kullandığımız vücut organlarımızın hayatımızı ne kadar kolaylaştırdığını anlamamız için onlardan yoksun olmamız mı gerekmektedir? Çoğu zaman şikâyet ettiğimiz çeşitli bedensel acılar ve ağrılarımız dahi esasen vücudumuzda doğru gitmeyen bir şeylerin olduğunu anlamamız için mucizevî belirtiler değil midir? Bu sayede önlem almaz mıyız sağlığımızı kaybetmemek için?

İsteğe bağlı ve istem dışı organlarımız olduğu söylenir. Örneğin elimizi hareket ettirmek kendi kontrolümüzle olur. Ama öte yandan özellikle iç organlarımız adeta bir fabrika gibi işlemektedirler. Sabah açılmayı akşam kapatılmayı beklemeden. Kalbini kendi attırdığını ya da karaciğerini kendi düşünsel gücü ile işlettiğini iddia edecek biri olmasa gerek. Karaciğerin yüzlerce vazifesi olduğu ifade edildiğinde, söz konusu bu organın diğer pek çoğu gibi bizim için ne derece hayati olduğunu tartışmaya gerek var mıdır? Hangimiz karaciğerimizi para ile satın aldık? Ya da kalbimizi?

Soluduğumuz havayı bir düşünelim. Nefes almadan yaşayamaz canlılar. Havanın nefes almamıza ve dolayısıyla yaşamamıza uygun olmasını biz mi sağladık? Ya da nefes alırken herhangi bir para mı ödedik? Peki, genellikle 1-2 dakika nefes almadan yaşayamayan insan, boğulmamak yani tek bir nefes için tüm varlığını gözden çıkarmaz mı?

Isınmak ve çeşitli ihtiyaçlarımızı karşılamak için kullandığımız doğalgazı düşünelim. Ya zaman zaman doğal gazın kesintiye uğraması gibi soluduğumuz hava da kesintiye uğrasa ve o an tüm canlılar yok olsa nasıl olurdu? Buna çare olabilecek maddi bir çözüm bilen var mı? Sahip olduğumuz ve uğruna bir ömrümüzü heba edebildiğimiz malımız, mülkümüz mü bizim için hayati; yoksa hiçbir bedel ödemeden sahip olabildiğimiz hava mı?

Su olmadan yaşayabilir mi insan? Hayat adeta suya endeksli kılınmamış mıdır? Tüm canlı organizmalar suya bağımlı değil midir? Biz mi var ettik suyu? Ya da var olması için ne yaptık? Dünyadaki su bir anda yok olsa hangi maddi değer onu geri getirmeye ya da yoktan var etmeye yetebilir?

بسم الله الرحمن الرحيم

Bir sabah suyunuz çekiliverse,
kim getirecek fışkırıp akan bir su size?
67 Mülk Suresi Ayet 30

Ama ne de olsa hava da, su da bolca var işte dünyada. Bu yüzden çoğu insan için çok da fazla sorup sorgulamaya gerek yok bu gibi şeyleri. Oysaki öte tarafta temiz su kaynaklarının yetersizliği sebebiyle milyonlarca insan ya hasta olmakta, ya da yaşamını yitirmektedir. Birkaç on yıl önce özellikle kırsal kesimlerde evlerin içinde su tesisatı bulunmazdı. İnsanlar suyu ya bahçelerinde bulunan kuyudan ya da köy çeşmelerindeki uzun kuyrukların ardından temin ederlerdi. Yıkanmak için ateş yakılıp kazanlarda sular kaynatılır, sınırlı imkânlar altında banyo yapılırdı. Günümüzde pek çok evin içine su ulaşmış vaziyette. Kaçımız sabah kalkıp elimizi yüzümüzü yıkamak için musluğu açtığımızda ya da banyoya girdiğimizde akan su için şükrediyoruz?

Her birimiz farkında olarak ya da olmayarak doğal bir kimlik taşımıyor muyuz üzerimizde? İnsanlar birbirlerine benzeyebilse de hangimizin parmak izi ya da el içi damar çizgileri birbiriyle aynı? Kimliğinin tespiti için parmak izi alınan insan bir kez olsun düşünmez mi; nasıl oluyor da bunca insan yaşarken her birinin kendine ait bir parmak izi bulunuyor? Parmak uçlarımızdaki doğal kimliğimiz, beni bir başkasından ya da bir başkasını benden ayırabiliyor?

Etrafımızda gözlemlediğimiz her şeyin kendine ait bir rengi bulunmakta. Tüm canlılar ve nesneler sahip oldukları renkleri itibariyle bir renk şöleni oluşturmaktadırlar. Renksiz bir dünyanın ne kadar iç karartıcı olacağını düşündünüz mü hiç? Herşeyin tek bir siyah ya da gri tonda algılandığını hayal edin bir an olsun. Ağaçları, çiçekleri ve türlü canlıları ile doğayı izlerken hayranlık duymakta, bir manzara ya da gün batımının bize huzur verdiğine şahit olmaktayız.

Sahip oldukları renkler sayesinde pek çok nesneyi birbirinden ayırabilmekteyiz. Aksi bir durumda yani her şeyin renksiz ya da tek bir renkte olduğunu düşündüğümüzde; pek çok şey birbiri ile karışacak ve bizim onları birbirinden ayırmamız oldukça zorlaşacaktı. Birbirinden güzel renklerin varlığının yanında, özellikle doğadaki canlıların derilerindeki desenlerin varlığı da ayrı bir sanat olarak karşımıza çıkar. Gerek karada, gerek denizlerin altında yaşayan binlerce canlı türünü düşünün. Farklı renk ve desenlere sahip bu canlılar tek bir ağızdan aynı şeyi haykırırcasına bir şey söylüyorlar bize: "Bak ve yüce Allah'ın sanatındaki muhteşemliği gör." Denizlerin altındaki canlıları düşünelim; örneğin birbirinden çok farklı boyut, renk ve desene sahip balıklar. Sahip oldukları desen ve renkler birbirleri ile o denli uyum içinde ki adeta podyumda sergilenen birbirinden şık elbiseleri taşıyan mankenler gibi en gözde modacıları hayran bırakacak bir şıklık ve ahenk sergilemektedirler.

Kara hayvanlarında da ayrı bir estetik göze çarpmaktadır. Gerek vücut yapıları, gerekse sahip oldukları renk ve desenleri ile tabiatı süslemektedirler. Birbirinden hoş koku, renk ve desenleri ile çiçeklerin insanlar üzerinde bıraktığı olumlu etkiler de ayrı bir güzellik olarak karşımıza çıkmaktadır. Tüm bunları düşündüğümüzde esasen etrafımızdaki şeylerin renkli var edilmek zorunda olmadıklarını anlar ve sahip oldukları tüm bu özelliklerin bir amaca yönelik oluşturulduğunu kavrarız. Her şeyi en ince ayrıntısına kadar, son derece estetik yaratan yüce Allah'ın var ettiği şeylere kattığı güzellikler ile yaratılıştaki mükemmelliği gözler önüne serdiğine şahit oluruz.

İnsanın biyolojik varlığını devam ettirmesi için zaruri olan şeyler oldukça azdır aslında. Ama doğaya baktığımızda Allah'ın bizlere ihtiyaç duyacağımızdan çok daha fazla ikramda bulunarak cömert davrandığını görürüz. Kara topraktan çıkan pek çok sebze ve meyve yemekteyiz. Elinize bir avuç toprak alsanız bunu yemek istemezsiniz. Oysaki yüce Allah o topraktan çeşitli nimetler bitirerek tüm bunları kullarına ikram etmektedir. Neden bu kadar çok çeşit sebze ve meyve olduğunu, neden her birinin birbirinden farklı besin değerleri ile tat ve kokular ihtiva ettiğini hiç düşündünüz mü? Yani örneğin bir lahana ya da brokolinin olmaması yaşamımızı etkileyebilecek bir şey midir? Ya da bir elma veya armudun varlığı? Peki, daha da ötesinde neden tat ve lezzet diye bir şeyin olduğunu hiç düşündünüz mü?

Tüm bu meyve ve sebzeler yine var olup, hiçbir tada sahip olmayabilirlerdi. Ama böyle olmamıştır. Bizim için türlü faydalar ihtiva eden bunca besini yerken aynı zamanda her birinden ayrı tatlar ve zevkler almaktayız. Baharatların varlığı da ayrı bir güzellik olarak karşımıza çıkar. Birkaç sebzeyi, birkaç çeşit baharatla karıştırdığınızda, birbirinden lezzetli yemekler elde etmeniz mümkündür.

Bazı meyve ve yemişlerin sahip olduğu kabuklarının onların tazeliklerini, lezzet ve vitaminlerini koruyan doğal birer ambalaj olduklarını hiç düşündünüz mü? Söz konusu bu yiyecekleri muhafaza edebilmek için sahip oldukları paketlerinden daha doğal ve koruyucu bir paket yapabilir misiniz?

Pek çok insan sahip ve şahit olduğumuz bunca mucizevî şeye karşı anlamsız bir vurdumduymazlık içindedir. Kendiliğinden oluşması mümkün olmayan ve eşsiz tasarıma sahip tüm bu mükemmellikleri zaten olması gereken şeyler gibi algılayarak ardındaki Yaratıcıyı düşünmemek insanların amaçsız yaşamasına neden olmaktadır.

بسم الله الرحمن الرحيم

Andolsun, sizi yeryüzünde yerleştirdik ve sizin için orada, geçiminize yarayacak nimet ve imkânlara vücut verdik. Ne de az şükrediyorsunuz!

7 A'raf Suresi Ayet 10

Evren'deki Muhteşem Dengeler

Dünya'da yaşadığımızı biliyor ve görüyoruz. Dünya'nın ise uzayda olduğunu, Güneş Sistemine dâhil olduğunu, Güneş'e, Ay'a ve etrafındaki gezegenlere olan mesafesinin Dünya'da yaşamın oluşabilmesi için gerekli olan kritik bir ayarda tutulduğunu öğreniyoruz. Yine yörüngesinin 23 derecelik bir eğime sahip olmasının da mevsimlerin oluşumunu sağladığını ve Dünyayı aşırı sıcak ve soğuklara karşı muhafaza ettiğini biliyoruz.[7] Dünya'nın hem kendi etrafında hem de Güneş'in etrafında döndüğünü ve aynı zamanda Güneş'in de hareket halinde olduğunu gözlemliyoruz. Üstelik bu hareketlilik

7 Caner Taslaman, **Big Bang ve Tanrı**, İstanbul Yayınevi, 3. Baskı, İstanbul 2008, s. 133-140.

o denli hızlı şekilde gerçekleşmektedir ki Dünya'nın kendi ekseni etrafında dönüş hızının saatte ortalama 1670 km, Güneş etrafında dönüş hızının ise saatte 107.000 km civarında olduğu kaydedilmektedir. Saatte 107.000 km olan bu hız, bir merminin hızından yaklaşık 60 kat daha fazla bir hıza karşılık gelir.

Gökyüzünde bu denli muazzam oluşumlar gerçekleşiyorken oturduğumuz yerden herhangi bir sarsıntı duyanımız var mı? Oturup sohbet ediyor, dinlenmek için uyuyor, rahat bir şekilde televizyon izliyor ya da gazetemizi okurken çayımızı yudumlayabiliyoruz. Bir araç içinde ortalama 60-70 km bir hız ile hareket halindeyken küçük bir çukur ya da tümseğe temas edince nasıl sarsıldığımızı bir düşünün. Bir de bunu Dünya'nın hareket hızı ile mukayese edin. Sonuç ortadadır.

Üzerine bastığımız yerin altında lavların kaynadığının ve yerin en altında ortalama 4000 °C sıcaklığın bulunduğunun farkında mıyız? Dünya'ya nazaran elma kabuğu kalınlığında olan yer katmanının üzerinde devam eden canlılık bu olağanüstü sıcaklıktan etkilenmemekte ve bu sayede yaşamına devam edebilmektedir. Şayet üstün ve hikmet sahibi bir güç, içinde bulunduğumuz sistemleri yaşamımıza uygun kılmamış olsa, rüzgârın ya da su akıntısının etkisine kapılıp savrulan bir yapraktan farksız olurdu akıbetimiz.

Yüzlerce örnek verilebilir bu konuda.[8] Hayatımızı kolaylaştıran şeyler saymakla bitmez. Yeter ki insan şükretmek ve sahip oldukları ile yetinip kıymetini bilmek istesin. Bunun için önünde çok fazla gerekçe var. İnsanın hep daha fazlasını istememesi için sahip olduklarından mahrum kalması mı gerekir? Yani bunlar bana yeter biraz da başkalarında olsun diyebilecek erdemi gösteren kaç kişi tanıyorsunuz? Bir gün doğumu veya batımından ya da bir çiçeğin açışından mutluluk duyabilen ve sahip oldukları ile yetinip şükre-

---

8 Bakınız: Emre Dorman, **Modern Bilim: "Tanrı Var"**, İstanbul Yayınevi, İstanbul, 2011.

debilen ne kadar az insan kalmıştır Allah bilir. Çok azdır çünkü suni mutluluklar ve suni ihtiyaçlar edindik kendimize. Etrafımızdaki mükemmellikler ile ilgilenmeye ne vakit bulabildik, ne de değer verdik onlara, hak ettikleri biçimde.

بسم الله الرحمن الرحيم

O, biri diğeriyle 'tam bir uyum' içinde yedi gök yaratmış olandır. Rahmân olan Allah'ın yaratmasında hiçbir 'çelişki ve uygunsuzluk' göremezsin. İşte gözünü çevirip-gezdir; herhangi bir çatlaklık, bozukluk ve çarpıklık görüyor musun? Sonra gözünü iki kere daha çevirip-gezdir; o göz uyumsuzluk bulmaktan umudunu kesmiş bir halde bitkin olarak sana dönecektir.

67 Mülk Suresi Ayet 3-4

Yaşam Sigortası

Sen benden daha gençsin, ama ne önemi var?
Ölüm yılları hesaba katmaz, ölümün seni nerede
beklediği bilinmez: Bu yüzden sen her yerde bekle onu.
Seneca

Doğal olarak herkes iyi bir yaşam sürmek ister. Hatta pek çoğumuz farkında olarak ya da olmayarak kırk yılımızı harcarız; emekliliğimizde rahat etmek uğruna. Gelecek ile ilgili endişeler duyarız hep. Aman sonum kötü olmasın, kimseye muhtaç olmayayım diye. Özel sigorta poliçeleri yaparız. Her ay düzenli paralar öderiz. Ne için? İleride rahat yüzü görmek için. Hep ileriye yatırım yaparız. Bir gün geleceğini biliriz o ilerinin, ama biteceğini unuturuz her nedense. İnsan yaşarken hep bir şekilde güvenceye almak ister kendini. Sağlık sigortaları, temeli sağlam bir ev, banka hesabında biriken para, kârlı bir yatırım, güvenli bir araba. Her ay ödenen düzenli taksitlerin toplu halde geri dönüşünün olacağı düşüncesi, en azından ileriki yaşlarda rahat edileceği ümidiyle güvende hissettirir insana kendini. Zira insanın kendini güvende hissetmesi kadar onu rahat ettirecek başka bir şey yoktur çoğu zaman.

Öte taraftan esasen her ne kadar ödenen paraların geri dönüşü mümkünse de, insanın bu geri dönüşü görecek kadar yaşayacağı garanti değildir. Örneğin hayat boyu ödeyip emekli olmadan ölebilir insan. Yani bir nevi risktir aslında tüm bu ödenenler. Yakınlarına miras olarak kalması, dünyevi manada bir fayda sağlayamaz insana, ölüm gibi bir durumda. Şansa kalmıştır insanın işi. Sonunda rahat edip etmeyeceğinin ya da örneğin yaşamının sonuna doğru amansız bir hastalığın pençesinde tüm bu ödediklerini bir anda harcamak zorunda kalmayacağının garantisi yoktur.

Ölürken aynı âhenk, salâ sesinden sızan:
Kulağıma doğduğum günde okunan ezan.
Necip Fazıl Kısakürek

Oysaki sahip olduğu dünyevi tüm kaygı ve endişelerden kurtarabilecek ayrı bir sigorta poliçesi daha vardı insan için. Üstelik sadece ödediği oranda geri alabileceği geçici bir sigorta değildi bu. Âhiret Bank tarafından düzenlenen bu poliçelere yatırım yapanların sonunda zarar etmesi ya da sunduğu imkânlardan istifade edememesi söz konusu değildi. Öyle kârlı bir yatırımdı ki 1'e 10 veriyor ve öyle geçici birkaç yıllık süre ile sınırlı olmayıp, sonsuz bir şekilde verdiklerini sürekli kılıyordu.

بسم الله الرحمن الرحيم

Kim bir güzellikle gelirse ona, getirdiğinin on katı var.
Kötülükle gelene ise yaptığının kadarından fazla ceza verilmez.
Onlar, haksızlığa uğratılmayacaklardır.
6 Enam Suresi Ayet 160

Durum çok açıktı aslında. Her ne kadar Allah'ın emirlerine uymak ve iyiliklerde bulunmak insanlara bu dünyada da maddi manevi çeşitli faydalar sağlayabiliyorsa da, esas olan sonsuzluk yurdu âhiret hayatındaki ebedi saadete yapılan yatırımdı. Birinde koca bir ömrü harcayıp son birkaç yıl rahat ederken, diğerinde sonsuzluğu yakalamak ve rahat etmek vardı. Aslında hesap çok açık ve bir o kadar da basitti. En kârlı ve en güvenilir ticaret, Allah ile yapılandı.

بِسْمِ اللّٰهِ الرَّحْمٰنِ الرَّحِيمِ

Ey iman sahipleri! Dikkatlerinizi, sizi korkunç bir azaptan kurtaracak bir ticarete çekeyim mi: Allah'a ve onun resulüne inanır, Allah yolunda mallarınız ve canlarınızla didinirsiniz. İşte bu, sizin için en hayırlısıdır; eğer bilirseniz.

61 Saff Suresi Ayet 10-11

Peki, böyle basit bir hesabın insanlar tarafından yapılamıyor olmasının sebebi ne olabilirdi? Şüphesiz insanın peşin gelen şeyleri sevmesi ve kendisini ilk defa var eden yüce Allah'ı gereğince takdir edemediği için öldükten sonra onu yeniden yaratacağına dair de şüpheler duymasıydı. Aslında daha önce de ifade edildiği gibi insan farkında olmasa da kendisine peşinen verilmiş sayısız nimete sahipti. **Tüm bunlar hiçbir şey hak etmeden verilmişti ona ve verilmesinin sebebi de esasen sonsuz mutluluk ve yaşamı hak etmesiydi.**

Bir işe girdiğinizi ve patronunuzun size daha siz işe başlamadan birkaç aylık maaşınızı peşinen ödediğini düşünün. Bu gibi bir durumda muhtemelen şaşkınlık içinde kalacak ve patronunuza karşı derin bir minnet ve muhabbet duyacaksınız. Ama büyük ihtimal bu duruma pek anlam veremeyecek ve sizin nasıl çalışacağınızı, ne oranda verimli olacağınızı bilmemesine rağmen patronunuzun size bu şekilde bir ödeme yapmasını garip karşılayacaksınız. Yüce Allah zamanın ve mekânın da yaratıcısı olduğundan, bizim gibi zamana ve mekâna bağımlı değildir. Bu sebeple aslında zaman üstü bilgisi ile kullarından hangisinin emirlerine uyup, hangisinin yüz çevireceğini bilmektedir. Ama buna rağmen dünyevi hiçbir maddi şey ile karşılanamayacak kadar fazla nimeti peşinen vermektedir insana. Hayırlı işler yapıp yapmayacağına bakmadan. Patronundan alacağı peşin maaşa şaşıran insan ise bu duruma hiç şaşırmamakta ve ben ne yaptım da Allah bana bu nimetleri verdi diye düşünmemektedir.

Allah dileseydi kendisine inanmayanları kör, inananları ise görür yapabilirdi. Ya da herkes dünyaya kör olarak gelebilir ve zamanla sadece Allah'a inananların gözleri açılabilirdi. Ya da tüm bunların yanında bazı günlerde görüp bazı günlerde kör de olabilirdi insan. Veya bazı sabahlar yürüyebiliyorken bazı sabahlar uyandığında tuvalete gitmek için bile karnı üzerinde sürünmek zorunda kalabilirdi. Her sabah uyandığımızda hafızamız tamamen silinebilirdi örneğin. Bırakın bir gün önce ne yaptığımızı kendimizi ve ailemizi bile tanıyamayabilirdik. Şaşkın şaşkın sağa sola bakınıp bir anlam vermeye çalışabilirdik etrafımızdaki şeylere, her sabah uyandığımızda. Böyle bir durumda yaşamın ne kadar zorlaşacağını ve yaptığımız plan ve programların ne kadar kesintiye uğrayacağını bir düşünün. Ertesi sabah kalktığımızda görüp göremeyeceğimizi bilemeyeceğimizden veya kendimize dair herhangi bir şey hatırlamayacağımızdan yapmayı planladığımız işlerimizi gerçekleştirme garantimiz de olmayacaktır.

Ne kadar zor geliyor kulağa değil mi? Aslında bir sabah uyandığımızda bir önceki gün olduğu gibi görebilmemiz, yürüyebilmemiz ya da bir şeyleri hatırlayabilmemiz için herhangi bir neden bulunmamaktadır. Ama böyle yapmamıştır Allah ve imtihanı gereği istisnalar olmakla birlikte insanların hemen tamamını görebilecek, yürüyebilecek ve hatırlayacak yetenekte yaratmıştır. Böylelikle insanlara fırsat ve imkân vermiştir aslında. Gerçeği görüp, vermiş olduğu nimetlere şükretsinler ve inanan da inkâr eden de kendi rızasıyla inanıp, inkâr edebilsin diye. Peşinen vermiş olduğu uzuvları hayırlı işlerde kullanabilsin diye.

Oysaki insanların büyük çoğunluğu, işitip konuşabilmesini, görüp hareket edebilmesini, düşünüp anlayabilmesini, yiyip içebilmesini ve yediklerini rahat bir şekilde dışarı atabilmesini Allah'ın nimetleri sayesinde yapabildiği gerçeğini görememekte ve tek bir nefes solumayı dahi hak etmeyecek şekilde yaşamını sürdürmektedir.

بسم الله الرحمن الرحيم

Kendisinden istediğiniz her şeyden size bir parça verdi.
Allah'ın nimetini saymaya kalksanız, sayıp bitiremezsiniz.
Doğrusu şu ki insan, gerçekten çok zalim, çok nankördür.
14 İbrahim Suresi Ayet 34

Biri Bizi Gözetliyor

Bir hoca yetiştirdiği talebeleri artık eğitimlerini tamamlama aşamasına geldiğinde, her türlü dini ve ahlaki bilgiyi öğrettiği inancıyla son bir ders vermek istemiş onlara. Her birine bir tavuk vermiş ve bu tavukları hiç kimsenin görmediği bir yere giderek kesmelerini söylemiş. Talebeler açık araziye dağılmışlar ve kimi bir mağaraya, kimi bir ağaç kavuğuna, kimi ise benzeri bir kuytuya çekilerek ve etraflarını kontrol ederek tavuğu kesmişler ve koşarak hocalarına geri dönmüşler. İçlerinden sadece biri akşam olmasına rağmen geri dönmemiş. Sonunda elinde tavuk ile birlikte ama onu kesemeden geri döndüğünü gören hocası ve arkadaşları neden tavuğu kesmediğini sorduklarında verdiği cevap "Hiç kimsenin beni görmediği bir yer bulamadım" şeklinde olmuş. Bunun üzerine tüm arkadaşları biraz da alay edercesine kendisine gülerken, hocası duruma biraz daha açıklık getirmesini isteyince talebe "Hocam sizden pek çok ilim tahsil ettim. Ama bir sözünüz vardı ki onu kalbimin tam ortasına yazdım adeta. Bu söz ise biz onu görmesek de Allah'ın her an bizi gördüğü ve yaptıklarımızdan haberdar olduğuydu. Siz hiç kimsenin görmeyeceği bir yerde tavuğu kesmemizi söylemiştiniz oysaki ben Allah'ın beni görmediği bir yer bulamadım" diye cevap verince hocası son dersini anlayan en azından bir talebesinin olduğunu görüp tebessüm ederek emeklerinin boşa gitmediğini anlamış.

Dünyaya gelmemizden ölümümüze kadar biri tarafından gözetlendiğimizin ve yaptığımız her şeyin kayıt altına alındığının farkında mısınız? Sarf ettiğimiz her sözün, işlediğimiz her iyilik ya da kötülüğün bir kaydı var Allah katında. Fişleniyoruz yani bir anlamda. Âhirette sicil dosyamız çıkınca karşımıza, yaptığımız en ufak bir şeyin bile atlanmadığını göreceğiz bir anda.

İnkârcı bir öğretmen, cebine şeker doldurduktan sonra, küçük öğrencilerine şöyle söylemiş: "Eğer Allah varsa isteyin bakalım size şeker verebilecek mi? Ama ben, var olduğum için isterseniz size şeker verebilirim. Hem de hemen şimdi."

Öğretmenin niyetini anlayan öğrencilerden biri şöyle söylemiş öğretmene: "Bana şeker dokunuyor öğretmenim. Onun yerine ben bir elma rica edeyim"

Bir kaç yıl önce Türkiye'ye damgasını vuran, geniş halk kitleleri tarafından izlenen ve fanatikler doğuran bir program vardı. "Biri Bizi Gözetliyor" ismiyle yayınlanan bu programa gösterilen büyük ilginin en önemli sebebi bir eve topladıkları insanların salonlarına, yatak odalarına ve hatta banyolarına kadar yerleştirilen kameralar ve bu kameralar aracılığı ile dileyen herkesin, bu evde olan biten olayları seyredebilmesiydi. Ardından bu şekilde yapılan pek çok program daha çıktı ortaya. Programın içeriğinden çok bizi ilgilendiren kısmı bu eve toplanan insanların davranışlarıydı. Pek çok insan tarafından izlenen ve bunun farkında olan bu kişiler yarışın başlamasıyla hem onlara oy verecek izleyenlere sevimli ve insancıl gözükmek, hem de yarışma sonunda galip gelecek kişiye vaat edilen ödüllere sahip olabilmek için kıyasıya yarıştılar ve program yapımcıları tarafından belirlenen kurallara harfiyen uymak için çaba sarf ettiler. Neden? Belki biraz şöhret, belki de biraz para için. Ancak az bir zaman sonra aynı evde yaşayan birbirinden farklı bu kişiler arasındaki kavga, çekişme ve iftiralar gazete ve televizyonlarda manşetlere taşındı. Peki, kısa bir süre içinde değişen neydi? Neden başlangıçta çok olgun ve duyarlı intibalar bırakan bu insanlar, bir anda değişikliğe uğradılar? İşte kısa bir zaman içinde tüm eve yerleştirilmiş kameraların olduğu ve halkın canlı olarak onları izlediği gerçeği unutularak insanlar dış dünyadaki gerçek hallerine geri döndüler. Maskeler düştü. İşte insan gerçeği. Her an izlendiğini, kurallara uyarak yarışmayı tamamlama ihtiyacını unutup, gözlerine ve zihnine gaflet perdesi çekilen insan. **İnsanlar farkında olmasalar da biri her an bizi gözetlemekte ve tüm amellerimiz kayıt altına alınmaktadır.**

بسم الله الرحمن الرحيم

Sağında ve solunda oturmuş iki görevli, kayıt yapmaktadır. Bir söz sarfetmeye dursun, yanındaki gözcü hemen zaptediverir.

50 Kaf Suresi Ayet 17-18

Üstelik bu dünyadaki imtihan ve yarışmadan galip gelenlere vaat edilen ödüller ve azaptan muhafaza edilme, dünyevi hiçbir servet ve şöhret ile karşılanmayacak bir eşsizliktedir. Etrafındaki insanlara kendini beğendirmeye çabalayan ve gerektiğinde canını bile riske atma cesaretini gösterebilen insan, kendisini yoktan var ederek sayısız nimet ve imkân ile donatan Allah'a karşı duyarsız, isteksiz ve uzak kalmaktadır. Oysaki Allah dünyadaki bu yarışmalar neticesinde elde edilen ödüllerin kat kat fazlasını daha bizi sınamadan peşinen vermiştir bizlere.

بسم الله الرحمن الرحيم

Allah'ın nimetlerini saymaya kalkarsanız, onların sonunu getiremezsiniz. Allah, gerçekten Affedendir, Bağışlayandır.

16 Nahl Suresi Ayet 18

Yine caddelere ya da işyerlerine yerleştirilen kameraları bir düşünelim. Bu sayede suç oranlarının kayda değer bir ölçüde azaldığını görüyoruz. Suç işlemeye meyilli kişiler etraflarındaki kameralardan çekinerek temkinli olmaya ya da buna cesaret edememeye başladılar. Trafik için düzenlenen kameraların olduğu yerlerde trafik açısından kusurlu hareketlerin de ciddi anlamda azaldığı görülüyor. Hatta pek çok sürücü şayet bir kuralı ihlal edecekse önce sağda solda kamera var mı yok mu diye etrafını gözlüyor ve ona göre davranıyor. Şüphesiz burada bir trafik kuralına uymanın ya da onu ihlal etmenin dini bir şey olduğunu söylemiyoruz. Ancak insanların bir şekilde gözlendiklerinin farkında olduklarında hareketlerine daha fazla dikkat ettiklerini görmekteyiz.

Birkaç yıl önce Amerika'nın California eyaletinde yaşanan uzun süreli bir elektrik kesintisinin sonucunda devre dışı kalan alarm sistemi ve güvenlik kameralarını fırsat bilen yüzlerce insan dükkânları yağmalamış, mağazaların vitrinlerini kırarak elbiseleri ve eşyaları çalmış, hem sosyal, hem de ekonomik açıdan önemli ölçüde bir yıkım ve tahribata yol açmışlardı. Yani normalde çok medeni davranışlar sergileyen insanlar ne oluyor da kameralar tarafından izlenmediklerinin ya da alarm sistemlerinin devre dışı kaldığının farkına varınca gözü dönmüş şekilde yağmacılık yapıyorlar? **Yetkililerin insanları gözlemesi, insanların Allah tarafından gözleniyor olmasından daha mı caydırıcı ve etkili?** Ya da işlediğiniz bir suça dair dünyevi olarak herhangi bir delil olmaması, Allah katında sizi bu suçtan kurtarabilir mi? İnsanlara karşı utanç duyulacak durumlara düşmemeye ve ayıplanmamaya özen gösterenlerin kaçı Allah'a karşı mahcup olmamayı dikkate almakta?

بسم الله الرحمن الرحيم

Göklerde ve yerde ne varsa O'nundur. Din de sürekli olarak yalnız O'nundur. Hâlâ, Allah'tan başkasından mı sakınıyorsunuz!

16 Nahl Suresi Ayet 52

Yaşadığınız şehrin yüksek bir tepesine çıkıp yukarıdan hem kendi yaşantınızı hem de etrafınızdaki insanların yaşantılarını gözlemlediğinizi hayal edin. Ya da bir günün sonunda gün içinde ne kadar çok boş işle uğraşıp, gereksiz sözler sarf ettiğinizin bir hesabını yapıyor olun. Bu basit hesap sonunda karşılaşacağınız tablo içler acısı olacaktır. Siz bunu kendinize yapsanız da, yapmasanız da her anınız görüntülenmekte, yaptığınız her iş ve sarf ettiğiniz her söz kayıt altına alınmaktadır. Farkında olsanız da, olmasanız da bir farkında olan bulunmakta.

بِسْمِ اللّٰهِ الرَّحْمٰنِ الرَّحِيمِ

O'dur sizi yaratan! Sizin bir kısmınız küfre sapmıştır, bir kısmınız iman etmiştir. Ve Allah, işleyip ürettiklerinizi çok iyi görmektedir.

64 Teğabün Suresi Ayet 2

بِسْمِ اللّٰهِ الرَّحْمٰنِ الرَّحِيمِ

Bir iş ve oluşta bulunsan, Kur'an'dan bir şey okusan; herhangi bir iş yapsanız, siz ona dalıp gitmişken biz üstünüzde mutlaka tanıklarız. Ne yerde ne gökte zerre ağırlığınca bir şey, ondan daha küçüğü de daha büyüğü de Rabbinden uzakta/gizli kalmaz;
tümü apaçık bir kitaptadır.

10 Yunus Suresi Ayet 61

Hayatımızdaki Önceliklerimiz

Yaşlı Kızılderili reisi kulübesinin önünde torunuyla oturmuş, az ötede birbiriyle boğuşup duran iki köpeği izliyordu. Köpeklerden biri beyaz, biri siyahtı ve on iki yaşındaki çocuk kendini bildi bileli o köpekler dedesinin kulübesi önünde boğuşup duruyorlardı. Dedesinin sürekli göz önünde tuttuğu, yanından ayırmadığı iki iri köpekti bunlar. Çocuk, kulübeyi korumak için biri yeterli gözükürken niye ötekinin de olduğunu, hem niye renklerinin illa da siyah ve beyaz olduğunu anlamak istiyordu artık. O merakla sordu dedesine. Yaşlı reis, bilgece bir gülümsemeyle torununun sırtını sıvazladı. "Onlar" dedi, "benim için iki simgedir evlat." "Neyin simgesi" diye sordu çocuk. "İyilik ile kötülüğün simgesi. Aynen şu gördüğün köpekler gibi, iyilik ve kötülük içimizde sürekli mücadele eder durur. Onları seyrettikçe ben hep bunu düşünürüm. Onun için yanımda tutarım onları." Çocuk, sözün burasında, mücadele varsa, kazananı da olmalı diye düşündü ve her çocuğa has bitmeyen sorulara bir yenisini ekledi: "Peki, sence hangisi kazanır bu mücadeleyi?" Bilge reis, derin bir gülümsemeyle baktı torununa: "Hangisi mi evlat? Ben hangisini daha iyi beslersem!"

Aynen içimizdeki iyilik ve kötülüklerde olduğu gibi hangi yönümüzü daha iyi besleyip güçlendirirsek, artık zamanla o bizim değil, biz onun esiri haline gelmekteyiz. Allah'ı hayatının merkezine koyarak emir ve yasaklarına en güzel şekilde uymaya çalışan insanlar, bu yönlerini güçlü kılar ve hangi durumda olurlarsa olsunlar Allah'a ve emirlerine olan bağlılıklarından en ufak bir taviz dahi vermezler. Ama dünya tutkularını, gelip geçici zevk ve mutlulukları tercih edenler için durum farklıdır. Bu gibi kişilerin hayattaki önceliklerini nefisleri ve arzuları belirler. Bu yönlerini güçlendirdikçe farkında olmadan manevi yönlerini zayıflatırlar. İnsanların genel özellik ve davranışlarını çoğu zaman hayatlarındaki öncelikler belirlemektedir. Neye değer veriyorsa insan onun peşine takılmıştır hep. Sürüklenip durmuştur bir anlamda amaç edindikleri uğrunda. Durum böyle olunca da dünyanın bu denli değerli bir yer olarak görülmesi ve uğruna hayatların heba edilmesi de kendi içinde anlaşılabilir bir şeydir şüphesiz. Nefsinin esiri olur insan. Adeta ilah edinerek nefsini, teslim olur tutkularına.

بسم الله الرحمن الرحيم

Kendi istek ve tutkularını (hevasını) ilah edineni gördün mü?

25 Furkan Suresi Ayet 43

Soralım bir an kendimize. Hayatımızdaki önceliklerimiz neler diye. Ailemiz, malımız-mülkümüz, zevk ve eğlencelerimiz, şerefimiz, namusumuz, itibarımız, şan ve şöhretimiz, sağlığımız, evimiz, arabamız ya da çok basit bir becerimiz. Anlamlı olup olmadığına bakmadan hoşumuza giden bir şey için harcadığımız saatlerimiz, günlerimiz. Bir dizi örneğin kimi zaman. Yeni bölümün gelmesi için günleri hiçe sayarak geçip gitmelerine razı olduğumuz. İzlerken televizyonun içine girecek kadar başında kilitlendiğimiz. Kimi zaman ocakta bir yemeği yaktığımız, kimi zamansa çok sıkışmamıza rağmen tuvalete bile kalkamadığımız. Tüm hafta boyunca kritiğini yaptığımız. Bir sonraki bölümde neler olacağını tahmin etmeye çalıştığımız. Ya da örneğin tuttuğumuz takımın maçları. İzlerken zıvanadan çıktığımız. Bazen de insanlıktan. En yakın arkadaşların bile çoğu zaman birbirine düştüğü bir maç. Uğruna stat önlerinde saatlerce beklemeyi, yağmur çamur demeden destek vermeyi, bazen de çıkışında sopa ya da şişe yemeyi göze aldığımız takımımız. 90 dakikalık bir maçın saatler hatta günler süren yorum ve analizlerini takip etmemiz.

Hayranı olduğumuz kişiler. Bir pop şarkıcısı örneğin ya da bir sporcu veya bir dizi oyuncusu. İzlerken ya da dinlerken çoğu zaman kendimizden geçtiğimiz. Konser alanlarında sıkışıp, itilip kakılmayı göze aldığımız. Sahneden atacağı bir aksesuarını kapmak için vahşi bir pantere dönüşebildiğimiz. Uğruna gözyaşları döktüğümüz, isimlerini kalbimize kazıdığımız. Posterleriyle odalarımızı süslediğimiz. Hakkında çıkan haberleri takip ettiğimiz. Hayali aşklar kurduğumuz. Bir kez yakından görebilmek ya da elini tutup yanağından öpebilmenin hayatımızda başka hiçbir şeyin yerine geçmeyeceği.

Hep birileri gibi olmak isteriz. Ama çoğu zaman bu birileri önemsiz işler peşinde koşan ve genel itibariyle insanlığa çok da faydası olmayan kişilerdir. Hayranlık duyduğumuz insanları düşünelim. Kendi mesleklerini icra etmek dışında insanlığa ne gibi faydalar sağlamışlar? Zaman zaman göstermelik ya da reklam amaçlı sorumluluk şovlarının kime ne faydası olmuş bugüne kadar? Tabi ki samimi olarak gönülden bu gibi faaliyetlerde bulunan güzide insanlar bunun dışındadırlar. Zaten genelde onların kimler olduğunu bilmek de oldukça zordur.

"Allah var" demesine rağmen yokmuş gibi yaşayan insanlar için dünyevi basit bir şey mi, yoksa Allah mı daha önemlidir? Saçının dökülmesini ya da yüzünde çıkan bir sivilceyi kendine dert edindiği kadar, Allah'ın emirlerini yerine getirmeyi dert edinmeyen insan sayısı önemsenmeyecek kadar az mıdır? Kendine dert edindiği şeyler ayağına uygun numarasını bulamadığı pembe bir bot, başını ve en heyecanlı yerini kaçırdığı bir dizi, sevgilisine gönderdiği mesaja aldığı cevabın geç olması ya da beş dakika sonra yenisi gelecek olmasına rağmen ucu ucuna kaçırdığı metro olan birinden böyle büyük şeyler beklememek mi gerekir? İnsanlar müslümanız dediler diye onlardan müslümanlıklarının gereklerini beklemek çok mu saçma bir şey? En ufak bir dünyevi menfaatiyle çelişen dini bir emrin terk edilmesi bu kadar kolay mı? Ya da bizim için büyük bir şeyle örneğin hayatımızla. Bir fıkra geliyor aklıma:

Müslüman olmayan bir adam elinde büyük bir bıçakla camiye dalar ve sorar: Aranızda Müslüman olan var mı? Korkudan kimse bir şey diyemez. Birazdan yaşlı bir adam ayağa kalkar: "Ben Müslümanım" der. Bıçaklı adamla yaşlı adam camiden çıkarlar. Adam dışarıdaki koyunları gösterip: "Amca, bunları kurban edip fakirlere dağıtmak istiyorum ama ben beceremem yardım eder misin?" Yaşlı adam epey bir hayvanı kestikten sonra "ben yoruldum başka birini bul" der. Adam bu sefer kanlı bıçakla yine camiye girer ve sorar: "Aranızda başka Müslüman var mı?" Az önceki yaşlı adamı doğradığını düşünen cemaat çok korkar ve herkes aynı anda imama bakar. İmam: "Ne bakıyorsunuz bana. İki rekât namaz kıldırdık diye hemen Müslüman mı olduk?"

Allah'a inanmakla müslüman oluyorsa da insan, gereklerini yerine getirmedikçe iman etmiş sayılmıyor esasen. Dünyevi her işe fırsat bulup zaman ayırırken, gerçek dünyasını ihmal ettiğinin farkına dahi varmadan göçüp gidiyor bu dünyadan. Çok küçük bir dünyevi menfaatiyle çeliştiğinde dinsel bir emri yok sayabiliyor bir hiç uğruna. Bir anlık zevk ve gaflet esir ediyor insanı tutkularına. **Dünya hayatının dış yüzü lezzetli ve hoş bir şeker gibidir. Gerçekte ise içinde zehir ve aldatıcı bir sarhoşluk barındırır. Onun dış görünüşüne aldananlar şeker yiyorum sanır. Ama içine daldığında ölümcül bir zehir ve pisliğe bulaşır.**

Bir işe başvurduğunuzu düşünün. Üstelik bu işe kabul edilmeniz sizin için çok önemli olsun. Ama patronunuzun sizden garip bir isteği var. Her sabah işe gelmeden önce Çamlıca tepesine çıkarak size vereceği dijital fotoğraf makinesi ile saat tam 07.30'u gösterdiğinde boğazın fotoğrafını çekmenizi ve düzenli olarak bu fotoğrafları kendisine getirmenizi istediğini farz edelim. Şayet her sabah düzenli olarak bu isteğini yerine getirirseniz sizi işe alacağını ve tatmin edici bir maaş ödeyeceğini söylüyor. Muhtemelen pek çok insan kendisine garip gelmesine ve anlaşılır bir nedeni olmamasına rağmen bu isteği kabul edecek ve her sabah düzenli olarak Çamlıca tepesine çıkarak saat 07.30'u gösterdiğinde patronunun bu isteğini yerine getirecektir. Ama aynı pek çok insan Allah'ın kendisinden istediği bir şeyin nedenini sorgulamakta ve çok da anlamlı gelmediği inancından hareketle yerine getirmeye gerek duymamaktadır. **Zira öncelikleri vardır hayatta. Kendisine o hayatı verenin kurallarını hiçe sayabildiği öncelikleri.**

Kendisini çok akıllı sanmasına rağmen pek çok insanın kendisinden daha akıllı olduğuna inandığı birileri vardır hayatta. İşyerindeki müdürü, üniversitedeki hocası ya da bir arkadaşı. Veya herkesçe kabul edilen ve aksinin iddia edilemediği zekâlar vardır tarihte. Bir Newton örneğin ya da Einstein. İnsan bilir bu kişilerin kendinden çok daha zeki olduğunu. Hayranlık duyar çoğu zaman. Oysaki hem kendi zekâsını hem de kendisinden üstün tüm zekâları yaratan yüce bir Varlık olduğunu unutur. Allah'ın herkesten daha zeki olup, her şeyi daha iyi bileceğini anlayamaz. Tüm işlerinde mutlaka bir hikmet olacağını sezinleyemez. Eğer Allah kulundan bir şey istiyorsa o istediği şeyde kişi için türlü faydalar olacağını kestiremez.

بسم الله الرحمن الرحيم

Bir şey sizin için hayırlı olduğu halde siz ondan tiksinebilirsiniz.
Ve bir şey sizin için şer olduğu halde siz onu sevebilirsiniz.
Allah bilir, siz bilmezsiniz.
2 Bakara Suresi Ayet 216

Neden var olduğunu bir kez olsun sorgulamayan insan Allah'ın pek çok emrini sorgulamaya kalkar. Kiminle muhatap olduğunu unutur. Sınırlı aklı ile sınırsız akıl sahibine akıl vermeye cüret eder. Oysa ayetin ifadesiyle Allah onları sorgulayacak olmasına rağmen onlar Allah'ı sorgulayamazlar (21 Enbiya Suresi Ayet 23).

Sonra kimin kime muhtaç olduğunu da unutur insan. Şüphesiz Allah hiç kimseye muhtaç değildir. İnsan ise kendisini yaratan Allah'a muhtaçtır. Muhtaç olduğunu bilir ama bir kulun Yaratıcısına göstermesi gereken bağlılık, sadakat ve takva ile değil, şımarık bir çocuğun babasından istekleri gibi isteklerde bulunur. Şikâyet eder. Memnuniyetsiz olur. Nankörlük yapar. Akıl vermeye kalkar. Gönülden inanan biri ise Allah'ın her şeyi en iyi şekilde bilip yerine getireceğinden en ufak bir şüphe duymaz. Ona güvenir, teslim olur. Rabbim benden daha iyisini bilir der.

Mevlâ görelim neyler,
Hak şerleri hayreyler,
Zannetme ki gayreyler,
Ârif ânı seyreyler,
Mevlâ görelim neyler,
Neylerse güzel eyler...

Erzurumlu İbrahim Hakkı

Hayatımızdaki Herşey Tıpkı Bizim Gibi Tanrısaldır

بسم الله الرحمن الرحيم

Kuşkusuz, göklerde ve yerde, iman sahipleri için sayısız deliller vardır. Ve sizin yaratılışınızda, her yana yaydığı canlılarda, kesinliği yakalayan bir topluluk için ibretler, işaretler vardır.

45 Casiye Suresi Ayet 3-4.

Allah'ı arayıp da bulamayan biri olmuş mudur acaba hayatta? Görmezden gelen, ya da bulmak, görmek işine gelmeyen çoktur şüphesiz. Yokluğunu varlığına tercih eden. Ya da bazen yanlış yerde arayan. Örneğin bir Rus astronotun uzaya çıktığında Allah'ı orada göremediğini söylemesi ya da bir beyin cerrahının yüzlerce insanın beynini ameliyat etmesine rağmen kimsenin beyninde Allah'a rastlamadığını ifade etmesindeki gibi. Oysa öyle çıplak gözle görülebilir türden değildi Allah. Varlığını inkâr etmenin zorluğu altında var olduğunu kabul eden, ancak yokmuşçasına yaşayan çoktu bu yüzden. Yaşamak isteyen.

Belki çoğu insan için Allah'ın varlığı ya da yokluğu pek bir şey ifade etmeyebilir, zira daha önce de ifade ettiğimiz gibi daha "önemli", daha "öncelikli" şeyler vardır insan için hayatta. Bu yüzden düşünmez, düşünmek istemez, çoğunlukla da düşünmeye fırsat bulamaz. Zira bu gibi insanlar için hayatlarına maddi artılar katan şeylerin varlığıdır önemli olan. Sahip oldukları, gördükleri, duydukları, dokundukları. Oysaki dünyevi şeylere sahip olmak tüm bu şeyleri bize bahşeden Allah'a şükredip onu anmamıza engel değildir. Zira görmek isteyen için sahip olduğumuz her şey Tanrısaldır zaten, tıpkı bizim gibi.

Etrafımızdaki canlı cansız tüm şeyleri bir gözlemleyelim. Yaşamımızı kolaylaştıran sayısız araç ve gerecin nasıl var olduklarını bir düşünelim. Pek çok kişinin insan zekâsı ve becerisi, sanayinin gelişmesi ya da bilimde ilerleme şeklinde cevaplar vermesi kaçınılmazdır. Yani her ne kadar pek çok insan için kendini ve evreni yaratan Allah olsa da sahip olduğumuz şeyleri var eden insandır. Acaba işin aslı gerçekte böyle mi? Sahip olduğumuz hangi şeye gerçek anlamda bizim diyebiliriz? Ya da insan ürünü olduklarını iddia edebiliriz? İnsanın zekâsı ya da becerisi dediğimiz şeylerin dahi kendiliğinden edinildiği söylenebilir mi? Çeşitli aşamalar sonucu ortaya çıkan bir nesnenin Allah'tan bağımsız bir şekilde açıklanması mümkün müdür? Bir düşünelim. Örneğin en basitinden gündelik yaşantımızda kullandığımız araç ve gereçlere bir göz atalım. İzlediğimiz bir televizyon, dinlediğimiz bir radyo. Kullandığımız bir bilgisayar, internet, ulaşım araçları, mutfak aletleri, ev ve cep telefonları, arabalar... Bunlar ve daha saymakla bitiremeyeceğimiz araç ve gerecin hangisi doğadaki herhangi bir canlıdan daha az Tanrısaldır?

Bir yaprak dahi Allah'ın bilgisi dışında dalından yere düşmüyorken (6 Enam Suresi Ayet 59) dünyadaki hangi şey Allah'ın ilmi ya da inayeti dışında var olabilir? Tüm bunlar gibi hayatımızdaki her şey; bir sineğin saniyede yaklaşık 400 defa kanat çırpabilmesini ve saatte yaklaşık 8 km yol alabilecek bir hıza sahip olabilmesini sağlayan, arıların her defasında 120 derecelik bir açı ile şekillendirdikleri altıgen petekteki eşsiz matematik bilgisini öğreten ve yarım kilo bal yapabilmeleri için 2 milyon çiçekten çiçek özü toplamalarını sağlayan, bir pireyi kendi vücudunun yüz katı yükseğe sıçrayacak özellikte, bir şahini saatte ortalama 300 km hızla avının üzerine pike yapabilecek güçte yaratan veya bir karıncaya kendi ağırlığının 50 katı kadar ağırlığı kaldırma kuvvetini, 10 gramlık sümüklü böceğe 1 kiloluk ağırlığı çekme gücünü veren yüce Yaratıcı'nın birer eseridirler. Bir müzisyenin eseri en az bir kuş sesi, bir ayakkabı en az bir insan ayağı, bir bilgisayarın hafızası en az bir insan hafızası, bir cep telefonunun kamerası en az bir ceylanın gözü, bir çay bardağı en az çay kadar veya bir uçağın havada uçuşu da en az bir şahinin gökyüzünde süzülmesi kadar Tanrısaldır.

Zira sahip olduğumuz her şey Allah'ın vermiş olduğu ilim, maddeye koymuş olduğu özellikler ve evrensel kanunlar sayesinde vardırlar. Çay içtiğimiz bir bardağın hammaddesinin toprak olması ve ateşin maddeye şekil verecek özellikte var edilmesi ile insanın bu özelliklere bir sanat katarak çeşitli şekilleri ortaya çıkarması da en az yağmurun yağması kadar Tanrısaldır. Hayatımızın içindeki pek çok nesne ile ilgili az çok bir bilgiye sahibiz. Hangisinin nasıl çalıştığı veya ne işe yaradıklarını biliriz. Çoğu zaman da bildiğimizi ya da anladığımızı sanırız. Esasen sahip olduğumuz bilgiler derinine inilmediği müddetçe sadece basit gözlemlere dayanmakta ve bunun ötesine geçememektedirler. Örneğin bir televizyonu izlerken o televizyona görüntünün nasıl geldiği ya da bir elektrikli süpürgenin nasıl çalıştığı ile ilgili az çok bir bilgimiz vardır ve bunu anladığımızı zannederiz. Oysa çok bir şey anladığımız yoktur. Çünkü fişe takarız ve çalışırlar işte. Görüntü gelir ekrana. Hatta yayın canlı ise dünyanın öbür ucundaki bir kişi ve olayı aynı anda izlememiz bile mümkündür. Televizyonun kutusu mudur bu görüntüyü evimize getiren, camı mı, tüpü mü, kabloları mı, antenimiz mi, ya da herhangi başka bir şey mi? Bununla ilgili bir sıralama ya da teknik açıdan bir açıklama yapmak mümkündür. Bir arabanın nasıl çalıştığını açıklayabilirsiniz. Anahtarı çevirince motorun ateşlendiğini ve benzin vasıtasıyla aracın hareket etmesini sağlayacak enerjinin tekerlekleri çevirdiğini söyleyebilirsiniz.

Ancak ne anahtardır arabayı çalıştıran, ne motor, ne de benzin. Tüm bunların ve en ince ayrıntısına kadar detayların birbiri ile uyum içinde var olabilmesini sağlayan kudrettir. Benzinin hammaddesi toprağın altından çıkan kara bir su değil midir? Ya da bir aracın kasasını oluşturan metallerin, içinde insan taşımaya müsait bir şekle sahip olabilmesi çok mu normal bir şeydir? Tüm bu nedenlerin bir araya gelerek bir görüntüyü karşımıza çıkarabilmesi ya da bir aracın hareket edip saatlerce yürüyerek ancak tamamlayabileceğimiz bir mesafeyi birkaç on dakikaya indirebilmesi için hiçbir neden yoktur aslında. Allah'ın söz konusu nesneleri böyle bir işlevi yerine getirebilmeleri için yaratmasının dışında.

بسم الله الرحمن الرحيم

Ve ağırlıklarınızı yüklenir, canlarınızın yarısını tüketmeden
varamayacağınız beldelere kadar taşırlar...
Hem binesiniz diye hem de bir süs olarak atları, katırları,
eşekleri de yarattı. Ve bilemeyeceğiniz daha neler yaratır O...
16 Nahl Suresi Ayet 8

Tüm bunların potansiyel olarak doğada var olmaları sayesinde hizmetimize sunulmuş olan sayısız nimet ve imkândan faydalanabilmekte ve yaşamımızı kolaylaştıran bu şeyleri kullanabilmekteyiz. İşte hayata bu bakış açısı ile bakabilen insan için Allah her şeyin yaratıcısı yüce bir kudrettir. Bu gerçeği görmek ve şükretmek isteyen için varlığı ile ilgili sayısız delil ve işaret bulunmaktadır.

بسم الله الرحمن الرحيم

"Sizin için gökten su indiren O'dur; içilecek su ondandır. Hayvanlarınızı otlattığınız bitkiler de onunla oluşur. Allah, o suyla size ekin, zeytin, hurmalıklar, üzümler ve her türlü meyveyi bitirir. Elbette bunda, düşünen bir topluluk için deliller vardır. O, geceyi, gündüzü, güneşi ve ayı sizin emrinize verdi; yıldızlar da O'nun emriyle hizmetinize hazır kılınmıştır. Şüphesiz bunlarda, aklını kullanabilen bir topluluk için deliller vardır. Yeryüzünde sizin için çeşitli renk ve biçimlerde şeyleri de üretip-türetti (hizmetinize tahsis etti). Şüphesiz bunda, öğüt alıp düşünen bir toplum için pek çok deliller vardır. Denizi sizin emrinize veren O'dur, ondan taze et yemekte ve takınacağınız süs eşyalarını ondan çıkarmaktasınız. Gemilerin orada suları yara yara akıp gittiğini görürsün. (Bütün bunlar) O'nun lütûflarından nasip aramanız ve şükretmeniz içindir. Sizi sarsmaması için yeryüzünde sarsılmaz dağlar yarattı, yolunuzu bulmanız için ırmaklar, yollar ve nice işaretler yarattı; insanlar yıldızlarla da yollarını bulabilirler. Şu halde Yaratan, yaratamayan gibi olur mu? Artık düşünmez misiniz? Eğer Allah'ın nimetlerini saymaya kalkışacak olursanız, onları bir genelleme yaparak bile sayamazsınız. Gerçekten Allah, çok bağışlayandır, çok esirgeyendir".

16 Nahl Suresi Ayet 10-18

Dünya Hayatının Geçiciliği ve Zamanın Kıymeti

Ömür bu kadar kısa iken amelleri kısaltıp emelleri uzatma!
Zemahşerî

Zamanın kıymetini kim bilir? Çoğu kez müsrifçe harcadığımız ve geri döndürülmesi mümkün olmayan zamanımızı hiç önemsemeyiz. Belki bazen düşünüp ah vah ederiz ama boşa geçmemesi için kayda değer bir önlem almayız. Bizim için çoğu zaman değersiz olan dakikalar, saatler bazen öyle önemli hale gelir ki ister istemez değeri anlaşılır. Şiirsel bir yaklaşım hatırlıyorum bu konuda:

Bir senenin kıymetini sınıfta kalan bilir.
Bir ayın kıymetini erken doğuran kadın,
Bir haftanın kıymetini dergi çıkartan,
Bir günün kıymetini teskere bekleyen asker,
Bir saatin kıymetini sevgilisini
uğurlamak üzere peronda oturan bilir.
Bir dakikanın kıymetini uçağını kaçıran,
Bir saniyenin kıymetini ölümden son anda kurtulan,
Bir salisenin kıymetini gümüş madalya alan bilir.
Ali Tuncay

Oysa biz bozuk para gibi harcayıp dururuz zamanımızı. Hem hiç geçmesini istemeyiz, hem de bir günün sonunu getirmek için plan program yapar dururuz. Köy kıraathanelerinde eli ile kavradığı bastonuna çenesini dayayarak dışarıyı seyre dalan yaşlı amcalar gelir aklıma. Hiç gelmesini istemese de ölümü bekler çaresizce. Ölüme kendini uzak zannedenlerin beklemesinden farksızdır esasen bu bekleyiş. **Çünkü yeni doğan bir bebeğin dahi doksanına merdiven dayamış bir dededen daha çok yaşayacağı garanti değildir hayatta. Ya da doksan yaşına kadar yaşamış bir dede daha altı aylıkken ölen bir bebekten daha şanslı değildir, boşa geçmişse yılları. Zira ölüm hayatın ikiz kardeşidir. Bizimle birlikte doğar.**

Nedir hayat nedir ki? Yırtılır beyin zarım,
Hangi selvi gölgesi bilmem benim mezarım.
Necip Fazıl Kısakürek

Gençlik evresinde zamanın hiç geçmediğini sanırız. Kopsun isteriz biran önce okul ve ailemiz ile bağımız. Büyümek, özgür olmak isteriz. Hızla tırmanırız yaşam dağının tepesine. Hep zirvede oturacağımızı sanırız. Sonra bakarız ki iş sandığımız gibi değil. Vakit aşağıya doğru inme vaktidir. Zira tutunamaz oluruz o kadar yüksekte, üşümeye başlar bedenimiz, azalır gücümüz, kısıtlanır hareket kabiliyetimiz. İşte o zaman anlarız gerçeği ve durdurmak isteriz zamanı. Değerlenmeye başlar her bir gün, her bir an. Biz geçsin istemedikçe o daha hızlı geçer geçmişin intikamını bizden alırcasına. **Onu değersiz gördüğümüz yıllara inat o bizi değersiz, önemsiz görmeye başlar artık.**

Gençlik tutulmaz elle. Geçirme boş emelle.
Faruk Nafiz Çamlıbel

Aynaya baktığımızda kırışıklıkların arttığını görürüz yüzümüzde, beyazların saçımızda. Yelkovanın tıkırtısı çınlar adeta kulaklarımızda. Her bir tık bir eksilmedir artık bizim için. Sonra bakarız bu düşünceler mutsuz etmekte bizi. Madem ölüm var, vur patlasın çal oynasın yaparız, dibine kadar ineriz şişelerin. Oysa gerçek değişmez. Şüphesiz ayıkken de, sarhoşken de akar zaman akması gerektiği gibi. Biliriz aslında gelmesinde hiç şüphe olmayan o günün geleceğini. Ama etrafımızdaki pek çok insan gibi düşünmeyiz bu gerçeği ya da mademki bu hayatın bir tekrarı yok "gününü gün et", "zamanın tadını çıkar" veya "anı yaşa" gibi süslü sözlerin büyüsüne kapılır, "hakikaten ömür geçiyor doyasıya yaşamalıyız hayatı" deriz.

Alelâde bir insan, zamanını nasıl sarf edeceğini düşünür,
akıllı insan nasıl tasarruf edeceğini.
Arthur Schopenhauer

Biraz daha ilerleyince zaman, bakarız ki bu işlerden fayda yok bize. Hep eksikliğini duyduğumuz duygular sarar dört bir yanımızı. Hayatımızda bir şeyleri yanlış yaptığımızı biliriz. Biraz da öte tarafı düşünmeye başlarız haliyle. Zira bıçak kemiğe dayanmıştır artık. Riske atılamayacak kadar az bir zaman kalmıştır. Bir kapı ararız. Bizi buyur edecek. Geçmişimizi yüzümüze vurmayacak. Bizi günahlarımızla kabul edecek. Zira gemimiz yüksek dalgalara girecek güçte değildir artık. Sığınacak bir liman ararız. Kabul de ediliriz eğer gönülden pişman olmuşsak. Ama yitirilen yıllar kayıp gitmiştir bir kere avuçlarımızdan. Ne yapsak geri getiremeyiz.

Gençliğini eğlenmekle geçiren, ihtiyarlığını ağlamakla geçirir.
Ali Fuat Başgil

Yıllarca peşinden koştuğumuz geçici ve anlık zevklerimizden bize "yapmış olmak" kalır. Ne olduğunu bile anlayamadığımız. Övünür durur kimileri geçmişlerindeki zevk, sefa ve eğlenceleriyle. Evet, pek çok şey yapmışızdır, ama artık hepsinden geriye kuru bir cümle kalmıştır. Artık bir faydaları yoktur dünyamıza da âhiretimize de.

بسم الله الرحمن الرحيم

Hayır, siz, dünya hayatını tercih edip üstün tutuyorsunuz.
Âhiret ise daha hayırlı ve daha süreklidir.
87 A'la Suresi Ayet 16-17

Güzeldir Aslında Yaşlanmak, Ölümü Hatırlatır İnsana

Yaşlanmanın Allah'ın çok büyük bir lütfu olduğunu hiç düşündünüz mü? Neredeyse insanların tamamına yakını yaşlanmak istemez. Hep genç ve güçlü olmak, güzel kalmak ister. İnsanların hiç yaşlanmadıkları, güzelliklerinden ve güçlerinden bir şey kaybetmedikleri, ama ölüm gerçeğinin devam ettiği bir dünya düşünelim. Doğal olarak yaşlılık diye bir şey olmayacağı için bu kavrama dair herhangi bir bilgimiz de olmayacaktır. Tüm hayatımız boyunca gençliğin tadını çıkardığımızı hayal edelim. Kulağa çok hoş geliyor değil mi? Oysaki bu gibi bir durumda insanların kendilerini aciz hissederek sığınacak bir yer aramaları daha da güçleşecek ve muhtemelen pek çok insan dünya hayatının tadını çıkarma dalgınlığı içinde ölüm gerçeğini hiç hatırlamayacaktı. Oysaki yaşlılık insana ölümü hatırlatır. Zira yaklaştığını hisseder insan ölüme. Eski gücü ve güzelliği kalmamıştır. Hayattan zevk almamaya başlar git gide. Bir şeyleri yanlış yaşadığını düşünmeye başlar. **Yaşlılık da güzel-**

dir aslında. Hataların farkına vardırır ve ölümü hatırlatır insana. Tabi yaşlanacak kadar ömrü olana.

Torun, pamuk gibi bembeyaz sakallı, nur yüzlü dedesine merakla sorar: "Dedeciğim! Bir insanın ömrü ne kadar olur?" Dede tatlı bir gülücükle: "Ezanla namaz arası kadar yavrucuğum." deyince torun: "Nasıl yani, ömür bu kadar kısa mı?" der. Dede: "Evet yavrum. Ömür, namazsız ezanla, ezansız namaz arası kadardır." diye cevap verir. Torun yeniden sorar: "Namazsız ezan ve ezansız namaz sözlerinden ne kastettiğini anlamadım dedeciğim. Bu ne demek açıklar mısın?" Dede şefkatle ellerinden tuttuğu torununa: "Bak yavrum, geçenlerde komşumuzun çocuğu doğdu. O çocuğun kulağına ezan okundu değil mi? İşte o ezanın namazı kılındı mı? Kılınmadı. O ezan "Namazsız ezan"dı. İnsan öldüğü zaman kılınan cenaze namazının da ezanı yoktur. O da "Ezansız namaz"dır. Aslında o namazın ezanı insan doğunca okunmuştu kulağına. "Bak ey insan! Doğdun, ama öleceksin, ömür çabuk biter, hayatını iyi değerlendir. Boşa vakit harcama!" ikazını yapıyordu o ezan. ***İşte yavrum ömür, ezanla namaz arası kadardır. Sakın boşa geçirme.***

Farkında Olmasak da Her Gece Ölürüz Uykumuzda

İnsanın uykuya muhtaç olduğunu ya da bir gün bile uyumayan bir insanın hareket ve reflekslerinin kısıtlandığını, bir iki gün içindeyse fizyolojik olarak neredeyse iflas edecek vaziyete geldiğini biliyoruz. Çoğu insan için hiç şüphesiz sadece dinlenmek içindir uyumak. Günlük yorgunlukların ardından şarj olmak. Ama Allah isteseydi insanı uykuya muhtaç yaratmayarak, karıncalar gibi yaşatabilirdi. Bedensel ve zihinsel olarak dinlenmenin yanında esasında ölümü hatırlatır uyku insana. Yaşamının sonunda kıyamete kadar dalacağı derin uykuyu. Her uykusuyla bir ölüm hali tecrübe eder insan farkında olmasa da. Bu yüzden kimi filozoflar ölümün ikiz kardeşi saymışlardır uykuyu.

Ölümün ikizi olan uyku sende var. Nasıl üstüne geçirdiğin elbise bedenini her gün sarıp sarmalarsa uyku da seni öyle sarıp sarmalar.
Cicero

İnsan uykudayken rüyasında gördüğü bir takım şeylerin varlığına inanır. Uyandığında ise rüyasında gördüklerinin aslı olmadığını anlar. Dünya hayatı da âhirete göre bir uyku hali sayılabilir. Öyleyse içinde bulunduğumuz hayat da bir rüyadan başka bir şey değildir. Muhtemel ki ölünce uyanacağız.[9]
Gazzâlî

Uykuyu hafif bir ölüm, ölümü de ağır bir uyku bil.
Muhammed İkbal

Uyurken biyolojik olarak yaşamaya devam etse de insan uykudayken malını, sevdiklerini, tutkularını, hırs, acı ve mutluluklarını geride bırakır. Kendinden geçer ve dünya ile olan tüm irtibatı kesilir bir anda. Tekrar uyanıncaya kadar farkında değildir hiçbir şeyin. Uyumak üzere yastığa başını koyduğu her defasında bu uykunun son uykusu olabileceğini düşünmez bir defa. Ya da ne yaptığını, nasıl geçtiğini bilmez zamanın, sekiz saat sonra kalktığında. Gelip birisi ölümden uyandın dese, garip gelir kendisine. Oysaki Allah her

9 Aktaran: Faruk Karaca, **Ölüm Psikolojisi**, Beyan Yayınları, İstanbul 2000, s. 64.

gece öldürür bizi. Sonra hakkında yaşama hükmü verilmiş olanlar yaşamaya devam ederler. **Yani ölümü düşünmeden ya da ölümden korkarak yaşayan insanlar, aslında her gün ölümü tecrübe ederler farkında olmadan. İnsan bir gece uykuya dalar gibi ölecek ve bir sabah uykudan uyanır gibi kıyamet günü dirilecektir.**

بسم الله الرحمن الرحيم

O, odur ki, geceleyin sizi öldürür. Gün boyunca neler yapıp neler kazandığınızı bilir. Sonra, belirlenmiş süre işletilip tamamlansın diye, gün içinde sizi diriltir. Nihayet O'nadır dönüşünüz. Sonra, yapıp ettiklerinizi size haber verecektir.

6 Enam Suresi Ayet 60

بسم الله الرحمن الرحيم

Allah, canları, ölümleri sırasında alır, ölmeyenleri de uykuları sırasında. Sonra, haklarında ölüm hükmü verdiklerini alıkoyar; ötekileri, belirlenen bir süreye kadar salıverir. Bunda, iyice düşünen bir toplum için elbette ibretler vardır.

39 Zümer Suresi Ayet 42

Akıl Edebilecek Kadar Bir Süre Verilmişti Bize

Kaçınılmaz olan ölüm gerçeği durmasına rağmen yanı başımızda, düşünmeden yaşarız onu umarsızca. Dünya hayatının en çok yaşanılmaya değer yerini ya da en çok göç alan bölgesini düşünürüz de en çok göç alan yerin dünya içinde olmadığını düşünmeyiz. Âhiret yurdu kadar göç alan bir yer yoktur bunu görürüz. Ama nedense görmezden gelir ve bir gün bizim de oraya göç edeceğimizi unuturuz.

بسم الله الرحمن الرحيم

İnkâr edenlere de cehennem ateşi var. Ne haklarında hüküm verilir ki ölsünler ne de azapları hafifletilir. İşte böyle cezalandırırız tüm nankörleri biz. Feryat edip dururlar orada: "Rabbimiz, çıkar bizi de önceden yaptığımızdan başka şey yapalım. Barışa ve hayra yönelik iyi bir iş yapalım." Sizi biz, öğüt alanın öğüt alacağı bir süre ömürlendirmedik mi? Uyarıcı da geldi size. Hadi, tadın bakalım azabı! Zalimler için hiçbir yardımcı yok artık.

35 Fatır Suresi Ayet 36-37

Evet, akıl edebileceğimiz bir süre verilmişti bize. Ya da en azından akıl edebilecek kadar süre verilenlerden akıl etmeleri bekleniyordu. Her yerde işaretleri vardı Allah'ın, görmek isteyene. Yemin ediyordu Kur'an ayetleri zamana. "Andolsun zamana, insan ziyandadır. Ancak hayra ve barışa yönelik işler yapanlar müstesna" diye (Asr Suresi).

Hayata yeniden başlasaydım, saniyelerin nabzını tutardım.

Dostoyevski

Bir şirketiniz olduğunu düşünün. Dönemsel ve yıllık faaliyetleriniz ile ilgili hazırlanan raporda yıl içinde yaptığınız işlerle ilgili detaylı bir hesap dökümü yer alır. Bu sayede gelir ve giderinizi görür, hem dönemsel hem de yıllık olarak kâr ve zararınızı hesap ederek yılsonu hesabınızı kapatırsınız. Ölüm de tıpkı şirket faaliyetlerinizin bilançosu gibi yaşamınızın hesap kesimini temsil eder. Yaşam hesabınızı ne şekilde kapatmak istersiniz?

Her yeni gün yaşam bankamızdaki hesabımıza bir gün daha yatırılıyor yüce Mevla tarafından. O yatırıyor biz hesapsızca harcıyoruz. O tekrar yatırıyor biz hesapsızca harcamaya devam ediyoruz. **Ama ömür tükenip de hesap cüzdanımız elimize verildiğinde sorulacak bize, sana verilen ömrü ne şekilde harcadın hesap ver diye.**

بسم الله الرحمن الرحيم

Yaklaştı insanlara hesapları!
Ve onlar hâlâ gaflet içinde yüz çevirip durmadalar.
21 Enbiya Suresi Ayet 1

Bir Rüya Süresi Kadardır Ömür, Bir Göz Açıp Kapama Misali Gelir Geçer

Geldi geçti ömrüm benim şol yel esip geçmiş gibi
Hele bana şöyle gele şol göz açıp yummuş gibi
Yunus Emre

Öyle çabuk geçecek ki zaman bir rüyaya dalmış da uyanmışız gibi gelecek adeta. Uzmanların, saatlerce sürdüğü sanılan rüyalardaki olayların aslında birkaç saniyelik süre içinde gerçekleştiğini söylemeleri gibi. Uyandığınızda rüyanızda ne kadar çok şey gördüğünüzü düşünürsünüz. Aslında bu dünya hayatının kısalığının gördüğümüz bir rüya süresinden farkı yoktur. Gözümüzü açmamızla kapamamız, birkaç saniye gibi gelecek bize. Nasıl geçtiğini anlayamayacağız yılların.

Bütün günler ölüme gider. Son gün varır.
Montaigne

Bunun kanıtının ne olduğunu merak edenler yaşayanlara sorabilirler. 90'nına merdiven dayamış pek çok kişinin bile geçmiş yıllarına dair anlatacağı şeyler birkaç saat ya da bilemediniz bir gün ile sınırlı kalacaktır. Koca bir ömür birkaç saate sığar mı demeyin. Aynen böyledir. Ömrümüzü bir kum saatine benzetirsek eğer, kum taneciklerinin aşağı düşüşü gibi yaşadığımız yeryüzü de ayaklarımızın altından eksilmekte. Vaktimiz dolduğunda tıpkı kum saatinden dökülüp biten kum tanecikleri gibi bir bakacağız eksilmiş, ayaklarımızın altından kayıp gitmiş bastığımız toprak ve bedenimiz yerin iki metre altına konacak.

Hayat bir piyese benzer.
Önemli olan uzunluğu değil oynayış tarzıdır.
Seneca

Zira bir göz açıp kapama ya da nefes alıp verme misali geçer gider, siz daha ne olduğunu anlayamadan bir de bakarsınız tükenip gitmiştir koca bir ömür. **Dünyaya gözünüzü açmanızla tutuşturulmuş bir kibrit gibidir hayat. Çok değil birazdan bitip, çer çöp olacak. Tutmasını bilemediyseniz eğer sonunda sizi yakacak.**

بسم الله الرحمن الرحيم

Ölüm sarhoşluğu hak olarak geldi.
İşte bu, senin kaçıp durduğun şeydir.
50 Kaf Suresi Ayet 19

بسم الله الرحمن الرحيم

Dünyanın sonuna ilişkin emirse bir göz açıp yummak gibi,
hatta ondan da yakındır. Allah her şeye kadirdir.
16 Nahl Suresi Ayet 77

بسم الله الرحمن الرحيم

Buyurur: "Yeryüzünde yıllar sayısıyla ne kadar kaldınız?"
Derler: "Bir gün yahut günün bir kısmı kadar; sayanlara sor."
Buyurdu: "Sadece birazcık kaldınız. Keşke biliyor olsaydınız."
"Sizi, boş yere yarattığımızı ve bize
döndürülmeyeceğinizi mi sandınız?"
23 Müminun Suresi Ayet 112-115

Âhirette haksızlığa uğratılmaz hiç kimse. Kendisine verilenden daha fazlası istenmez. Adalet terazileri getirilir ortaya ve yapılan bir iyilik ya da kötülük hardal tanesi ağırlığınca dahi olsa hesaba katılır. İnsanın unuttuğu şeyler önüne getirilir, karşısına çıkarılır.

بسم الله الرحمن الرحيم

Kıyamet günü için adalet terazilerini kuracağız/adaleti terazilere
koyacağız. Hiç kimseye zerre kadar zulüm edilmeyecek. Hardal
tanesi kadar bir şey olsa onu ortaya getiririz.
Hesapçılar olarak biz yeteriz!
21 Enbiya Suresi Ayet 47

Oluş ve Bozuluş Halindedir Bu Dünya

Yaşadığımız dünyadaki her şey bir oluş ve bozuluşa tâbidir. Mevsimlerin değiştiğine şahit oluruz. İlkbahar ile birlikte açan çiçekler ve yeşeren ağaç dalları, sonbaharla birlikte bırakırlar kendilerini. O renk cümbüşünün yerini solgun bir resim alır. İllaki mevsimlerin değişmesini beklemeye de gerek yoktur bu bozuluşu anlamak için. Dalından koparılan bir çiçek ya da meyvenin kısa bir zaman sonra o ihtişamlı görüntüsünü, renk ve kokusunu yitirdiğine şahit oluruz. Dalında aylarca kalabilen bir çiçek vazoya konduğunda solup çer çöp haline dönüşür birkaç gün içinde.

Etrafımızdaki canlıların da sürekli olarak yok olduklarını görürüz. Çoğu birkaç gün belki birkaç haftalık ömür yaşayan milyarlarca börtü böcek yaratılmıştır yeryüzünde. Onların da zamanla yok olduklarını ve yerlerine yenilerinin yaratıldığını görürüz. Yani esasen ölüm gerçeğini hatırlamak ya da insanın acizliğini anlaması için illa bir insanın ya da bir yakınımızın ölmesine gerek yoktur. Kendisinin ölmesine de gerek yoktur. Öldüğünde acizliğini anlama imkânı da. Çok sıradan bir nezle-grip halinde dahi insanın nasıl halsiz ve isteksiz olduğunu bir düşünün. En sevdiği yemekler ona tat vermeyecek, en sevdiği diziyi izlemek için başını kaldırmaya hali olmayacak, huysuz ve aksi biri olacaktır. Yine doğadaki oluş ve bozuluş bir yana insanın kendisi de zamanın yıpratıcı ve bozucu etkisi altında sürekli olarak eskimektedir. Hücreleri ölmekte, derisi buruşmakta, saçları dökülüp beyazlamaktadır. Tıpkı kullandığımız herhangi bir eşyanın kullandıkça eskimesi gibi. Çerçöp misalidir dünya hayatı tıpkı bir bitki gibi:

بسم الله الرحمن الرحيم

Bilin ki, şu iğreti dünya hayatı bir oyun ve eğlenceden, bir süsten, aranızda bir övünmeden, mallarda ve evlatlarda çoğalma yarışından başka şey değildir. Bir yağmur misali ki, çıkardığı bitkiler çiftçilerin hoşuna gider. Ama biraz sonra o ot kurur, sapsarı kesildiğini görürsün. Nihayet bir ot ufantısı haline gelir. Âhirette şiddetli bir azap var, Allah'tan bir af ve hoşnutluk da var. Dünya hayatı bir aldanış/gurur aracından başka şey değildir.

57 Hadid Suresi Ayet 20

Gelip Geçici Bir Mola Gibidir Dünya Hayatı

Dünya hayatının geçici nimetleri ile kendini oyalayan kişiler, farkında olmadan ebedi bir rahat ve huzurdan yüz çevirirler. Oysaki bir yolculuk esnasında verilen kısa bir mola gibidir dünya hayatı. Ünlü filozof Kindî, insanların kararsız, kendini tüketen, hayalleri boşa çıkaran, sonu başlangıcını yalanlayan, kendisine güveneni hayal kırıklığına uğratan, ona kananı acınır hale düşüren bu fani âlemden geçişlerini bir gemi seyahatinde verilen moladaki insan davranışlarıyla örneklendirir.[10]

Buna göre bir grup insan yaşadıkları yere gitmek üzere bir gemiye binerler. Bazı ihtiyaçlarını karşılamaları için kaptan bir limana yanaşır. Yolcular ihtiyaçlarını temin etmek için gemiden çıkarlar. Bir kısmı ihtiyacını temin ederek başka bir şeyle ilgilenmeden gemiye döner ve hiçbir engelle karşılaşmadan, kimseyle çekişmeden ve herhangi bir izdihama maruz kalmadan geminin en rahat yerine yerleşir.

Bir kısmı da rengârenk çiçek türleriyle donanmış araziyi seyretmeye, o çiçeklerden yayılan değişik kokuları içlerine çekmeye, bol ve nadide ağaçların ilginç meyvelerinden yemeğe, güzel sesli kuşların hoş ötüşlerini dinlemeye giderler. O bölgede değişik renk ve görünümdeki taşların göz alıcı manzarasına, ruhu okşayan ilginç şekildeki sedeflerinin seyrine dalarlar. Fakat ihtiyaçlarını karşıladıkları o yerden pek fazla ayrılmazlar. Gemiye döndüklerinde de en rahat yere yerleşirler.

Diğer bir kısmı ise ihtiyaçlarını karşıladıkları o yerden ayrılmamakla birlikte o sedefleri; değerli taşları, çevredeki meyve ve çiçekleri toplamaya koyulurlar. O bölgenin taş ve sedeflerinin, biraz sonra toplamaktan pişmanlık duyacakları solan çiçeklerin, az

---

10 Kindî, **Üzüntüyü Yenmenin Çareleri**, tercüme: Mahmut Kaya, **İslâm Filozoflarından Felsefe Metinleri**, Klasik, İstanbul 2003, s. 61-64.

sonra çevredekilerin iğreneceği bir pisliğe dönecek olan meyvelerin ağır yüküyle gemiye dönerler. Fakat başkalarının önceden geminin geniş ve rahat bölümlerine yerleştiklerini görürler. Bunun üzerine dar, engebeli ve sert bir yere tıkışırlar. Üstelik değerli gördükleri taş ve sedefler, çiçek ve meyveler o sert ve dar ortamda kendilerine yük olmaya başlar. Öyle ki yerlerini daraltacak taşları toplamadan gemiye erken dönenlerin sahip oldukları rahatlıktan büsbütün mahrum kalırlar. Ayrıca önce dönenler, diğerleri gibi topladıklarını koruyup kollamak ve onların zarar görmelerini önlemek gibi bir hizmete katlanmıyor; onlardan uzak kalmanın, aşırı bağlanmanın verdiği sıkıntı ve kaybolma korkusu ile meşgul olup istirahatlarının çoğunu onlara ayırmıyorlardı. Dahası, onlardan bir veya birkaçı kaybolduğunda toplayanları üzüntü ve kedere sevk etme durumu da bunlar için söz konusu değildi.

Bazıları ise gemilerini ve gitmek istedikleri vatanlarını unutup o geniş araziye ve ormana dalmışlardı. O taşları sedefleri ve çiçekleri toplamak ve meyvelerden yemek, onların vatanlarına dönmeyi ve gemide müsait yer bulmayı düşünmelerine engel oluyordu. Ayrıca bu durumda onlar, kendilerini bekleyen sürekli korku, felaket ve acıdan da emin değillerdi. Şöyle ki; yırtıcı hayvanlar, zehirli yılanlar, ürküntü veren sesler, yüzlerini ve diğer organlarını çizip yaralayan ağaç dalları veya boy boy dikenlerin ayaklarında açacağı ve uzun tedavi gerektiren yaralar yahut yürümelerini engelleyen bataklık, mahrem yerlerini örten elbiseyi kirleten çamur ya da giysilerini yırtan dallar yahut da ilerlemelerine engel olan sarmaşıklar onları bekliyordu.

Kaptan geminin kalkacağını onlara bildirince bir kısmı toplayıp devşirdiği yükle döndüler, fakat anlattığımız gibi sıkıntılarla karşılaştılar. Gemide müsait yer olmadığından ancak dar, sıkıcı, rahatsız edici ve tehlikeli hastalıklara yol açan bir yer bulabildiler.

Bir kısmı ise ormanın içlerine çok daldıkları ve araziye dağıldıkları için kaptanın sesini duymadılar.

Nihayet gemi kalktı ve böylece onlar vatanlarından ayrı düşerek bulundukları yerde ölümcül tehlikelerle ve müthiş güçlüklerle karşı karşıya kalıverdiler. Onlardan kimini yırtıcı hayvanlar parçaladı, kimisi bataklıklara gömüldü, bazısı çamurlarla belendi, bazısını da yılanlar soktu. Sonunda hepsi iğrenç leş haline geldi. Varmak istedikleri vatanlarından ayrı, organları dağılmış ve iğrenç duruma düşmüş olan bu kimseler, tanımayanlar için rahmet, tanıyıp bilenler için ibret oldular.

Öte yandan bir kısmının toplayıp yüklenerek gemiye döndükleri o akıllarını çelen, hürriyetlerini kısan, rahatlarını kaçıran ve yerlerini daraltan çiçekler çok geçmeden soldu ve taşların da rengi matlaştı. Çünkü çiçekleri ve renkleri canlı kılan rutubet artık yoktu. O sedefler de bozulup fena halde kokuştular. Böylece topladıkları şeyler hem kendilerine yük hem de rahatsız edici bir çevre oluşturdular. Artık onları denize atmaktan başka çare kalmamıştı. Çünkü onlar, sahip olanın hareketini engellemiş, hayatını zehir etmiş, bulunduğu yere üzüntü vermiş ve hürriyetini kısıtlayan bir yük haline gelmişti. Onları denize atınca da elleri bom boş kalmıştı. Onlar henüz gidecekleri yere varmadan o kötü kokuların kendilerini etkilemesi ve yorgunluktan güçlerini kaybetmeleri yüzünden birçok hastalığa yakalandılar.

Yerin darlığı, sertliği ve verilen hizmetin ağır oluşunun da onların zarar görmelerinde payı vardı. Bu yüzden bir kısmı gidecekleri yere ulaşmadan öldü; bir kısmı da hasta ve bitkin olarak varabildiler. Çevreyi seyre dalıp güzel kokuları teneffüs ederken gecikenler ise buncacık meşguliyet yüzünden geniş ve rahat yer bulamamış oldular. İhtiyacını görmek için dışarıya çıktığında gözüne ilişenden başka herhangi bir şeyle meşgul olmayanlara gelince, onlar oya-

lanmadan erkenden gemiye dönmüşler, en geniş ve rahat yerleri tutmuşlar, huzur içinde vatanlarına kavuşmuşlardır.

Bizim bu âlemden gerçek âleme geçişimizin örneğini teşkil eden bu misaller, bu âlemden gelip geçenlerin durumuna benzemektedir. O halde yeryüzündeki çakıl taşlarına, sudaki istiridyelere, ağaçlardaki çiçeklere ve kısa süre sonra yük haline dönüşecek olan kuruyacak otlara kapılıp aldanmamız bizim için ne kadar kötü!

İşte başımıza geldiğinde bizim için üzüntü kaynağı olacak şeyler bunlardır. Eğer üzüleceksek, gerçek vatanımızdan ayrıldığımıza ve geminin bizi gerçek vatanımıza ulaştırmasına engel olan bir yükü yüklendiğimize üzülelim. O gerçek vatan ki, orada yokluklar, özlemler ve kayıplar bulunmadığı için sıkıntı ve üzüntüler de yoktur. Zira gerçek olmayan bir şey orada bulunmaz, istenmesi uygun olmayan şeye karşı da istek duyulmaz. İstek duyulan şey ise hemencecik isteyenin yanı başındadır, hem de ondan hiç ayrılmamak ve zarar ziyana uğramamak üzere.

Farkında Değildir Ama Yaratılışça Acizdir İnsan

Aklen çok şeye güç yetirebilme yeteneğinde yaratılsa da bedenen zayıftır insan. Biraz kemik biraz et. Elma kabuğu gibi ince bir deri ile kaplıdır koca bedeni. Ufacık bir darbede hasar görüp incinebilir. Kesikler karşısında kan kaybından ölebilir. Güçlü ve sağlıklıyken kaya gibi sanır kendini, kaslarını şişirip aynanın karşısına geçer ve ne güçlüyüm ben der. Filmlerdeki gibi mermileri ağzı ile yakalayıp, okları eli ile tutamaz. Bir mermi çekirdeği ya da incecik bir demir parçası yeterlidir havasını söndürmeye. Çoğu zaman parmağına batan bir kıymıktır onu günlerce inletip duran.

Ne fazla soğuğa gelebilir ne fazla sıcağa. 37 derecede olmalıdır zira vücut sıcaklığı, öyle çok da değil hani ne bir iki derece az ne de fazla. Minimal değişiklikler bile bir anda yatak döşek serebilir onu. Hayatının sonu olabilir.

Yıkanmaya, temizlenmeye muhtaçtır aynı zamanda. Temizlenmezse şayet çürümüş bir leş gibi kokar mesela. Kaşınır durur maymunlar gibi. Allah'ın lütfudur esasen tüm bunlar. Acizliğini gösterir insana. Çelikten var edilseydi insan örneğin ya da bir demirden. Değil ufak bir mikrop kümesi vahşi hayvanlar bile karşı koyamasaydı gücüne. Etkilenmeseydi hiçbir darbeden, çizikten. Masal kahramanları gibi olsaydı yani. Ölüsü bile yıllarca bozulmadan kalsaydı. Çiçek bile bitemeseydi üzerinde. Çok zor olurdu anlaması, ne kadar aciz olduğunu.

İnsan kâinata hâkim bir varlıktır diyen felsefe öğretmenine,
öğrencilerden biri, şu şekilde karşılık vermiş:
"Tansiyonuna bile hâkim olamayan insan,
kâinata nasıl hâkim olur?"

Film Karelerinde Kalır Bir Ömür

Fotoğraf makineleri ve video kameralar düşündürmüştür beni hep. Bebeklikten itibaren yapılan çekimler yıllarca insan için bir hatıra olur. Çok büyük bir lütuftur aslında bu ve benzeri gereçler insan için. Tabi görmesini bilene. Çekilen binlerce resim karesi ve kayıt altına alınan anlar insanların tüm yaşantılarının da aynen bir kamera kaydı gibi kayıt altına alındığını ve zamanı geldiğinde arşivden çıkartılıp insana izletileceğini hatırlatır bana. Ne büyük bir şey değil mi?

Öte taraftan ayrı bir güzelliği daha vardır bu kayıt ve fotoğrafların. Yıllar geçince su misali arada bir duygulanır ve eski resimlere bakmak ister insan. Bebek tulumu içindeki resmine bakıp nasıl olup da bunca yılın geçtiğini anlayamaz. Gençlik dönemindeki resmine bakan bir kadının o endamlı ve zarif güzelliğinden, beli bükük, yüzü ve derisi buruşuk, saçları beyaz alevle tutuşmuş biri kalmıştır geriye. Ne gözleri görür eskisi kadar iyi ne de kulakları işitir gençliğindeki gibi.

Gençlik çok dayanmayan bir kumaştır.
William Shakespeare

Hele bir de alımlı ve güzel bir bayan için daha da zordur bu durum. Zira kimler koşmuştur gençliğinde peşinden. Ne canlar yakmıştır kim bilir. Derin bir ah çeker ve mırıldanır kendi kendine "Hey gidi hey! Neydim ben bir zamanlar." Bir düşünürün sözleri ile;

Hangi güzel yüz ki,
Toprak olmadı!
Hangi güzel göz ki,
Toprak dolmadı?

Bir ömrü ardında bırakınca insan, artık bir zamanlar olmuş, geçmişte kalmış ve bir fotoğraf karesinin içine sığmıştır o yıllar.

Yoldan geçen bir genç, gözlerini hiç ayırmadan akarsuyun başında oturan yaşlı adama bu kadar dikkatli neye baktığını sorar. İhtiyar adam gözlerini akan sudan ayırmadan şu cevabı verir: "Hayatıma evladım, akıp giden hayatıma..."

Yıllarca gerçeği düşünmeden yaşamıştır hayatını. Dünyası için olanları hemen yapmış ya da yapmak istemiş, âhireti için yapması gerekenleri ise ertelemiştir hep. Günah olduğunu bilmesine rağmen hesapsızca saplanmıştır suça-çamura. Düşmüştür şeytanların tuzağına. Nasıl olsa ileride yaparız demiştir. İlerisi ile ilgili garantisi varmış gibi. Değerini bilmemiştir kaybettiği yılların. Oysa bırakın kaybettiği yılları, az öncesini bile geri getirmesi mümkün değildir artık sarf etse de tüm servetini, malını.

بسم الله الرحمن الرحيم

Hayır; siz çarçabuk geçmekte olanı (dünyayı) seviyorsunuz.
Ve âhireti terk edip-bırakıyorsunuz.
75 Kıyamet Suresi Ayet 20-21

بسم الله الرحمن الرحيم

Bu dünya hayatı, yalnızca bir oyun ve eğlence türünde tutkulu bir oyalanmadır. Âhiret yurdu ise, asıl hayat odur. Bir bilselerdi.
29 Ankebut Suresi Ayet 64

Ölümle Tamamlanır Eksik Kalan Resim

Yaşıyorum sanırken insan anı, hep bir şeylere ulaşma peşinde geleceğe yönelik yaşamıştır hayatı. Kafasında kalan yüzlerce plan, program ve gerçekleştirilmesi gereken hedef ile birlikte son bulmuştur yaşamı. Gezememiştir örneğin çok istediği bir adayı. Ya da görememiştir belki de torununun ilk adımlarını. Oturamamıştır son yıllarında, hep hayal ettiği, orman içi ya da göl kıyısındaki o evde. Yarım kalmıştır aslında yaşam resmi. Tamamlayamamıştır. Bir oyun ve eğlenceden ibaret sanmıştır hayatı.

بسم الله الرحمن الرحيم

Biz, gökleri, yeri ve ikisi arasında bulunanları bir oyun ve oyalanma konusu olsun diye yaratmadık.
44 Dühan Suresi Ayet 38

Şairin dediği gibi: "Bu kadar yürekten çağırma beni. Bir gece ansızın gelebilirim" demiş ve hiç beklenmeyen bir misafirin gelişi gibi yaşam kapınızı tıklatmıştır ölüm. Şaşırmanıza fırsat bile kalmadan girmiştir içeri. Üstelik şu an evde değiliz veya yanlış adres diyemeyeceğiniz gibi gelen daveti geri çevrime lüksünüz de kalmamıştır.

Açmamak olmaz; ölüm kapıyı çalınca.
Jean de La Fontaine

Önceden posta yoluyla bildirmemiştir geleceği günü, saati. Çünkü yaşamla birlikte yazılmıştır bizim için ölüm. Erteleme düğmesi yoktur bangır bangır çalan alarmın. **Uyanmak için uyumak gerekiyordu önce. Ölmek için yaşamak. Ve biz yaşıyorduk. Yaşıyorken de uyuyorduk. Derin bir uyku içindeyken kendimizi yaşıyor sanıyorduk.**

بسم الله الرحمن الرحيم

Ertelenmesine Allah'tan izin çıkmayacak gün gelmeden önce,
Rabbinizin çağrısına uyun. O gün, sığınacak yeriniz olmayacak;
yaptıklarınızı inkârınız da mümkün olmayacak.

42 Şura Suresi Ayet 47

بسم الله الرحمن الرحيم

Sizi çağıracağı gün, O'na övgüyle çağrısına uyacak ve
dünyada pek az bir süre kaldığınızı anlayacaksınız.

17 İsra Suresi Ayet 52

Size Ayrılan Sürenin Sonuna Gelirsiniz

Gerçeğin farkına vardığında biraz daha vakit ister insan Rabbinden. Ancak iş işten geçmiştir artık. Kendisine ayrılan sürenin sonuna gelen yarışmacı gibi tamamlamıştır zamanını. Anlamıştır ki kendisine verilen zaman kulluğunu ispat etmek, hayra ve barışa yönelik işler yapmak içindir. Aslında Allah çok önceden bildirmiştir insana kaçınılmaz sonu. Ölüm gerçeğini ve inkârcıların âhiretteki akıbetini. Süre verilip fırsat tanınmıştır insana, düşünüp anlasın ve inkâra saplanmasın diye. Gerçeği gördüğünde, dünyada yaşarken samimi bir iman eden olarak yaşamayı arzu eder. Yalvarır Rabbine bir fırsat daha olsa diye. Ama iş işten geçmiştir artık. Zira çok önceden bildirilmiştir insana bu son. Hazırlık yapması söylenmiştir. O ise aldırış etmeden bu gerçeğe, koşup gitmiştir hep sahte hayaller peşinde.

بسم الله الرحمن الرحيم

Bizim bir kere daha dünyaya dönüşümüz mümkün olsaydı da
iman edenlerden olabilseydik.

26 Şuara Suresi Ayet 102

بسم الله الرحمن الرحيم

Sonunda onlardan birine ölüm geldiğinde şöyle der:
"Rabbim, beni geri döndür ki; geride bıraktığım dünyada hayırlı amellerde bulunayım. Asla! gerçekten bu, yalnızca bir sözdür, bunu da kendisi söylemektedir. Onların önlerinde, diriltilip kaldırılacakları güne kadar bir engel vardır.

23 Müminun Suresi Ayet 99-100

Bilmemiştir, bilememiştir insan, tutkuyla bağlandığı bu hayatı ona peşinen verenin, dilerse onu sonsuz bir hayat ile ödüllendirebileceğini. İlk defa hayatı var edenin kudretindeydi oysa sonsuz bir hayatı var edebilmek. Hiç ölmek istemezcesine yaşarken bu hayatı, düşünmedi bir an olsun neden böyle bir duyguya sahibim, neden yaşamak istiyorum diye. Yaşamak, var olmak güzeldi ve **Allah sonsuz bir yaşam vermek istiyordu insana. O sebeple yaşama isteği de vermişti içine. İnsan ise yanlış yerde arıyordu gerçek yaşamı. Yanlış yerde yaşamak istiyordu hayatı. Cep telefonuna tuşladığı numaranın sonunda karşısına çıkmasını, kendisine cevap ve hesap vermesini beklercesine belki yanlış yerde arıyordu Allah'ı.**

> *Materyalist bir öğretmen, öğrencisine, "Söyle bakalım" demiş, "Allah nerede? Eğer bilirsen sana portakal vereceğim." Öğrencinin cevabı şu olmuş: "Siz bana onun olmadığı bir yer gösterin, ben size portakal bahçesi vereyim."*

Oysa Allah'tı gören gözlerinin, tuşlayan parmaklarının, tuşların ve cep telefonunun yaratıcısı. Ya da "Az sonra öleceksin!", "Şu günahından vazgeç üzme beni!" gibi mesajlar gelmesini bekliyordu cep telefonuna kimisi. Belki de Allah'ın kendisiyle bizzat konuşup, inanması için onu ikna etmesini. Oysa Allah bir parti lideri değildi. Ne kadar çok insan inanıp onu desteklerse o oranda güçlenecek biri gibi. İhtiyacı yoktu hiçbir şeye. İhtiyaç duysa zaten Allah olamazdı. Kullarının iyiliğiydi isteği. Kendi iradeleriyle doğruyu görebilmeleriydi. Aslında insanlara hiç bildirmeyebilirdi kendini. Yaratıp kendi hallerine terk edebilir, sonra da dilediğine azap ederken dilediğine mükâfat verebilirdi. Zira bir tek onun elindeydi mutlak güç ve hâkimiyet.

Çaresizdi insan O'nun azameti karşısında. Sokaktaki bir kabadayıdan daha fazla korkması gerektiğini bilmeliydi Allah'ın cezalandırmasından. Herkesten daha şefkatli olduğunu da. İnsanları affetmek, onları doğruya ve güzele sevk etmek istediğini bilmeliydi. Zira "Rahman ve Rahim (Merhametli ve Şefkatli) Allah'ın Adıyla" diye başlıyordu insanlara hidayet rehberi ve kılavuz olması için gönderdiği kitabın biri hariç tüm sureleri (Tövbe Suresi). O birinde de tehdit ediyordu inkârcıları, kendinize gelin bu size açık bir uyarıdır diye. Güzel ve yumuşak söz söyle, belki düşünüp ibret alır diyordu elçisine bir başka yerde, zalimler zalimi firavunun yanına gönderirken bile. (20 Taha Suresi Ayet 43-44)

Yaşarken başımıza gelen olumlu ya da olumsuz her şeyden çeşitli dersler çıkarmamız veya başkasının ölümünden ibret almamız mümkün olabilir. Ama ölüm bizim başımıza geldiğinde kendi adımıza ondan ders çıkarıp bu konuda deneyim sahibi olmamız ve ibret almamız mümkün değildir artık. **Size ayrılan sürenin sonuna geldiğinizde ölümün telafisi yoktur ve ölüm, her insanın başına sadece bir defa gelir.**

Boşa Tüketilir Ömür, Gölgelere Ok Atan Avcı Misali

Çekici geliyor dünya nimetleri, nasıl kapılmayalım onlara diyordu kimisi. Oysa bilmiyordu çekici olmaları imtihanın bir gereğiydi. Süslenmişti dünya boydan boya türlü nimet ve imkânla. Işıltısı göz kamaştırıyordu, kör ediyordu adeta.

بسم الله الرحمن الرحيم

Kadınlara, oğullara, kantar kantar yığılmış altın ve gümüşe, salma güzel atlara, hayvanlara ve ekinlere duyulan tutkulu şehvet insanlara süslü ve çekici kılındı. Bunlar, dünya hayatının metaıdır. Asıl varılacak güzel yer Allah katındadır.

3 Ali İmran Suresi Ayet 14

بسم الله الرحمن الرحيم

Siz dünya hayatının geçici yararını istiyorsunuz. Allah ise âhireti kazanmanızı istiyor. Allah üstün ve güçlüdür. Hüküm ve Hikmet sahibidir.

8 Enfal Suresi Ayet 67

بسم الله الرحمن الرحيم

İşte bunlar, âhireti verip dünya hayatını satın alanlardır.

2 Bakara Suresi Ayet 86

Gerçek ile yüzleştiğinde ise sahip olduğu her şeyi hatta tüm dünya servetine sahip olsa dahi kendini kurtarabilmek için tümünü fidye vermek isteyecekti. Hep yaptığı iyilikleri hatırlayıp işlediği kötülükleri unutarak yaşamıştı. Kendi unuttuklarını unutmayan biri olduğunu da unutmuştu. Hiç hesaba katmadığı kötülükleri karşısına getirildiğinde kurtulmak için bir yol arayacaktı:

بسم الله الرحمن الرحيم

Eğer yerdekilerin tamamı ve beraberinde bir o kadarı, zulmedenlerin olsa, kıyamet günü azabın kötülüğünden kurtulmak için tümünü mutlaka fidye verirlerdi. Çünkü hiç hesaba katmadıkları şeyler, Allah tarafından karşılarına çıkarılmıştır.

39 Zümer Suresi Ayet 47

Gerçek apaçıktı esasen görmek isteyen için. Kaçınılmaz son belliydi. Muz kabuğunu görüp "Eyvah yine düşeceğim" diyen biri gibi bilebile ateşe atıyordu insan kendini. Dünya hayatının geçici süsüne kapılıp gidiyordu. Oysaki bilmiyordu gölge oyunu gibiydi dünya nimeti. Gerçek zannedip, elde ettim, yakaladım sanırken, kayıp giderdi ellerinden. Ha yakaladım, ha yakalayacağım derken tükenir ömür gölgeler peşinde koşarken. Gölgeye ok atan ahmak avcı misali.

Kuş havadayken gölgesi de yerde kuş gibi uçar görünür. Ahmağın biri o gölgeyi avlamaya kalkmış ve takati tükeninceye kadar koşmuş. Çünkü o gölgenin havadaki kuşun gölgesi olduğundan, o gölgenin aslı ve sahibinin nerede bulunduğundan haberi yokmuş. O ahmak gölgeye ok atar ve gölgeye ok ata ata okluğu bomboş kalırmış. Okluk, onun ömrü imiş ve kendisi bunları boş yere ata ata, ömür okluğunu gölge avı peşinde tüketmiş. Ve böylece bir ömür yok yere tükenmiş.[11]

Celâleddîn-î Rûmî

11 Mevlânâ, **En Korkunç Düşman**, çev. Ömer Rıza Doğrul, Kaknüs Yayınları, (Herodot-Beydebâ-Mevlânâ, **Dost Görünen Düşman** içinde) İstanbul 2005, s. 70.

Neden Ben?

Hoştur bana senden gelen...
İster ağlat, ister güldür,
İster yaşat, ister öldür,
Âşık Yunus sana kuldur,
Kahrın da hoş, lütfun da hoş...
Yunus Emre

İnsanların büyük çoğunluğu başına bir kötülük ya da üzücü bir olay geldiğinde hemen Allah'a "Neden ben?" ya da "Ben bunu hak edecek ne yaptım?" diye sorar. **"Neden ben?" diye sorma kendine. Neden sensin, sen!** İnsanların başlarına gelen şeyler kendi ellerinin kazandıkları sebebiyleydi hiç kuşkusuz.

بِسْمِ اللّٰهِ الرَّحْمٰنِ الرَّحِيمِ

Size gelip çatan her musibet ellerinizin kazandığı yüzündendir.
Allah birçoklarını da affediyor.
42 Şura Suresi Ayet 30

Ancak her defasında da hak etmesi gerekmiyordu insanın. İmtihan gerçeği vardı çünkü. Allah kullarını çeşitli şekillerde imtihan edeceğini ve sabredenlerin müjdelenmesini söylüyordu.

بسم الله الرحمن الرحيم

Hanginizin daha güzel iş yapacağını belirlemek için sizi imtihana
çekmek üzere ölümü ve hayatı yaratan O'dur.
Daima Üstün Olandır, Bağışlayandır O.
67 Mülk Suresi Ayet 2

Ama sahip olduğu sayısız nimet ve imkânı düşünerek "Allah'ım neden ben? Ben hiçbir şey yapmamışken tüm bu nimetleri neden verdin bana?" diye sormuyordu insan. Hatta çoğu zaman iyilik ve nimetleri verenin Allah olduğunun farkında bile değildi. Çünkü iyilikleri insan kendi becerisi sayesinde ediniyordu. Kötülükler ise hep Allah'tan gelmekteydi. Rahatı yerindeyken, dünyevi tüm işleri yolunda giderken, Allah'ı hatırlayıp şükretmesine gerek yoktu. Ama başı sıkışmaya görsün. Suçlu belliydi ve her zamanki kibirli duruşuyla insan, bunu hak edecek bir şey yapmadığını düşünmekteydi.

Efsane Wimbledon tenisçisi Arthur Ashe, AIDS'den ölmekteydi. Dünyanın her köşesindeki hayranlarından mektuplar yağmaktaydı. Bunlardan bir tanesi şöyle soruyordu: "Neden Tanrı böylesine kötü bir hastalık için seni seçti?" Arthur Ashe buna şu cevabı verdi: "Tüm dünyada... 50 milyon çocuk tenis oynamaya baslar, 5 milyon tenis oynamayı öğrenir, 500,000 profesyonel tenisi öğrenir, 50,000 yarışmalara girer, 5,000 büyük turnuvalara erişir, 50'si Wimbledon'a kadar gelir, 4'ü yarı finale, 2'si finale kalır. Elimde şampiyonluk kupasını tutarken Tanrı'ya 'Neden ben?' diye hiç sor-

madım. Ve bugün sancı çekerken, Tanrı'ya 'Niye ben?' mi demeliyim?" Mutluluk insanı tatlı yapar. Zorluklar güçlü yapar. Hüzün ise insan yapar. Yenilgi mütevazı yapar. Başarı insanı ışıldatır, ama yalnız Tanrı yolumuza devam etmemizi sağlar. Tanrı'ya asla "Niye ben?" diye sormayın... Ne olacaksa olacak... O'nun kendine has usulleri ve her işinde çeşitli hikmetleri vardır... Siz inancınızı koruyun.

Öte taraftan esasen illaki insanın sadece başına gelen iyilik ya da kötülüklerden hareketle "Neden ben?" diye sorması da gerekmiyordu. Örneğin sahip olduğu gözler, eller, ayaklar ya da kulakları için "Neden bunlara sahibim?" diye de sorabilirdi insan. Ama bu soru da aklına gelmiyordu doğal olarak. Nedeni ise zaten tüm bunların ve daha fazlasının insanların büyük çoğunluğunda bulunuyor olmasıydı. Sorulmaya değer olmayacak şekilde önemsizlerdi bu yüzden. Çoğu zaman da zorluk anında edilen duaların yerine gelmesine rağmen içinde bulunduğu zorluk durumundan kurtulan insan Rabbini unutmakta ve gaflet uykusuna dalmaktaydı. İsteği yerine gelmeyen kişi ise bunu hep hatırlayarak bu yüzden Allah'ı suçlamaktaydı. Oysa samimiyetsizdir çoğu insan. İsteğinin yerine gelmemesinde bile bir hayır olabileceği gerçeğini düşünmez. Kazanmak istediği bir sınavdan önce ya da amansız hasta olan bir yakını iyileşsin diye camilere koşar, dualar edip, adaklar adar. Sınavı kazandığında ya da yakını iyileştiğinde hemen ettiği duaları, yakarışları unutur. Bir sınavı ya da yakınını kaybettiğindeyse ettiği duaların boşa gittiğini düşünüp Allah'ı suçlar. Allah, meşhur hikâyelerdeki gibi bir dilek ağacı, sihirli lambadan çıkan cin ya da gökyüzünde kızağıyla gezinen Noel baba değildir, bunu bilmez. Allah'a her an muhtaç olduğunu unutarak yaşar. Kul olarak görevlerini yerine getirmez ama güç yetiremeyeceğini bildiği bir konuda hemen Allah'a ihtiyaç duyar ve işlerini görmesini bekler.

Bir öğrenci ilkokula başlamasıyla birlikte kendisine verilen bilgilerden imtihan edilmeye başlar. Belki de kendisinin farkına varmaya başladığı yıllarının tamamı hep imtihanlar ile geçer. Başarılı olması için derslerine çalışması gerektiğini bilir. İmtihanda başarısız olduğunda çeşitli sorunlar ile karşılaşacağını da. Üniversite sınavına hazırlanmak ise kâbustur adeta pek çok kişi için. Yıllar harcanır. Binlerce soru çözülür. Sonra üç saat içinde pek çok insan açısından adeta kaderi belirlenir. Üniversiteyi bitirir ama imtihanları bitmez. İşe girer mülakat, kamu personelliği için yeniden sınavlar, iş yerinde yükselmek için raporlar, araştırmalar. Bitmez bir türlü insanın hayatındaki sınavları. Hepsinde de başarılı olmak ve arzu ettiği yerlere gelmek ister haliyle. Tüm bu sınav telaşı ve koşuşturmaca içinde kendisini yaratan tarafından da imtihan edildiğini hatırlamaz bile. Ya da dünyadaki her imtihanı anlayıp hazırlık yapar da, Allah'ın neden insanları imtihan ettiğini bir türlü anlamaz. Zira çoğu insan için Allah'ın imtihanı öyle girilmesi ya da hazırlanılması gereken bir şey değildir. Üniversiteye girmesine ya da kamuda personel olmasına bir fayda sağlamaz örneğin. **Durum böyle olunca da kariyerinde yükselmek en tepeye oynamak isteyen insan, Allah katında yüksek bir mevki edinip iman ve takvasında zirveye çıkmayı hedeflemez. Bunu kendine hedef edinen insanları da anlamaz.**

بسم الله الرحمن الرحيم

Her canlı, ölümü tadacaktır.
Biz bir imtihan olarak sizi şer ile de hayır ile de deniyoruz.
Sonunda bize döndürüleceksiniz.
21 Enbiya Suresi Ayet 35

Gönülden Arayan İnsan İçin Allah Her An Ulaşılabilirdir

Allah'ı bulan, neyi kaybeder?
Ve O'nu kaybeden, neyi kazanır?
O'nu bulan her şeyi bulur.
O'nu bulamayan hiçbir şey bulmaz,
bulsa da başına bela bulur.
Said-i Nursî

Ulaşılmazdır çoğu kişi için kimi insan. Koca bir holdingin patronu örneğin ya da bir başbakan. Öyle her isteğinizi iletemezsiniz. Her istediğinizde görüşemezsiniz. Görüşebilir biriyseniz bile günlerce hatta haftalarca beklemeniz gerekebilir. Belki size hiçbir şey vermemiştir ama karşısında ezilip büzülürsünüz. Allah'a dua etmek ya da ondan bir dilekte bulunmak isteyip de sırada beklediğini ya da dikkate alınmadığını hatırlayan biri var mı? Bugün git yarın dua et cevabıyla karşılaşan. Ya da Allah şu an çok meşgul veya tatilde gibi bir söz ile. Her istendiğinde ulaşılmıyor mu Allah'a? Şayet gönülden yalvarmışsa bir kul, cevap almıyor mu duasına? Ya da bilmiyor mu Rabbinin her an onu duyduğunu. Halini bildiğini. Onu sınayıp, imtihan ettiğini. Bir şeyi nasip edecekse yeryüzündeki tüm insanlar bir araya gelse dahi buna engel olamayacaklarını. Bir şeyi de nasip etmiyorsa şayet onu verebilecek başka kimsenin olmadığını. **Bu yüzden başına gelen herhangi bir kötülük için "Neden ben?" diye sorma. Ya da sana kötü görünen her şeyi kötü sayma. Nedeni sensin zira.**

بسم الله الرحمن الرحيم

Bu, kendi ellerinizin üretip önden gönderdiği yüzündendir,
Allah, kullara asla zulmedici değildir.

3 Ali İmran Suresi Ayet 182

Allah kullarını bazen türlü imtihanlarla zorluk ve sıkıntılarla sınar. Bazen de insanlar bu dünya hayatında yapmış oldukları birtakım hataların bedelini öderler. Her ne durumda olunursa olunsun Allah'tan yardım dilemeyi ve Allah'a yönelmeyi hayatın temel prensibi edinmek gerekir. Kul, Allah'a dayanıp güvenirse ve gerçek dost olarak sadece Allah'ı bilirse mutlaka yardım görecektir. Ancak pek çok kişinin yaptığı gibi Allah'ı sadece zor zamanlarda hatırlamak ve çaresiz kalındığında O'na dua etmek samimiyetsizliktir. Zorda ve çaresiz kaldığı anlarda Allah'a yakaran, sonra sıkıntısı giderildiğinde tekrar eski hayatına dönerek Allah'ı adeta unutan sayısız örnekle karşılaşırız. Bu gibi örnekler tekrar çaresiz kalana kadar Allah'ı hiç düşünmez ve hatalardan uzak durmazlar. **Oysa kulun Allah'a muhtaç olmadığı tek bir an dahi yoktur ki kul sadece ihtiyaç duyduğu zaman Allah'a yönelsin.**

بسم الله الرحمن الرحيم

Yemin olsun ki, insanı biz yarattık. Nefsinin ona neler fısıldadığını da
biz biliriz. Biz ona, şah damarından daha yakınız.

50 Kaf Suresi Ayet 16

İnanan bir kul için dua etmek çok önemlidir. İnsan sadece zora düştüğü anlarda değil her an Allah'a yönelip O'na dua etmelidir. Dualar gönülden ve samimi bir biçimde yapıldığında Allah mutlaka en olumlu ve güzel bir biçimde cevap verecektir. Dualarda dünyevi maddi isteklerden çok hem bu dünya hayatında hem de âhirette hayırlı iman ve ihlâs sahibi kullardan olunmasının dilenmesi ve Allah'ın bize sunmuş olduğu sayısız nimet ve imkândan dolayı sürekli olarak şükredilmesi gerekir. İstenilen mal-mülk kişiyi bu dünya hayatında saptırarak azgınlık yapmasına sebep olabilir. Bu yüzden istenilen her şeyde hem dünya hem de âhiretimiz için hayırlı olanı dilemeliyiz. Kula düşen Allah'a gönülden bağlanarak dua etmektir. Neyin hayırlı ya da nasip olacağı sadece Allah'ın bilgisindedir.

بسم الله الرحمن الرحيم

Kullarım, beni sana soracak olurlarsa, gerçekten de ben pek yakınım.
Bana dua ettiği zaman dua edenin çağrısına cevap veririm.
Öyleyse onlar da bana cevap versinler ve
bana inansınlar ki doğruya erişsinler.
2 Bakara Suresi Ayet 186

Hâlâ Yaşıyorsan Bir Sebebi Var

Herkes insanlığı değiştirmeyi düşünür,
ama hiç kimse önce kendini değiştirmeyi düşünmez.
Tolstoy

Çoğu insanın aksine kabristanları çok severim ben. Pek çok diriden daha iyidir ölüler. Zarar vermedikleri gibi öğüt verirler insana. Diriler gibi boş konuşmazlar. Konuşamazlar ama sonunda varacağım durağı hatırlatırlar bana. Haykırırlar sanki ziyarete gelenlere: "Ey yolcu bak da biraz ibret al, sonun bizimkinden farksızdır onu bil" diye.

Hâlâ yaşıyorsan bir sebebi var

Bizden daha şanslı hissetme kendini. Onu yalnız Allah bilir. **Acıyıp durma halimize, ağlama bizim için. Şayet bizi görmene rağmen hâlâ boşa geçiyorsa günlerin, sen de en az bizim kadar acınacak haldesin.** Doğduğunda hayat otobüsüne bindin sen de bizim gibi. Üstelik sen farkında olmasan da inmen için ikaz düğmene basıldı bile. Yanıp sönüyor ışığın. Ha durdu ha duracak otobüsün. Son durak denilecek; açılacak kapılar. İneceksin ister istemez. İşte o zaman soracaksın kendine neredeyim ben diye.

Hayat tramvay gibidir... Tam yer bulmuş,
oturacakken bir de bakmışsın son durağa gelmişsin.
Camillo Sbarbaro

Hâlâ yaşıyorsan bir sebebi var

Tüm yaptığın nankörlük ve inkâra rağmen Rabbin sana hâlâ fırsat veriyor bak, hayattasın. Silkelen şöyle bir kendine gel. Şu an burada senin değil bizim yatıyor olmamız, senin henüz vaktini tamamlamamış olmandan. Senin sayende döndüğünü sanma dünyanın. Öldüğünde cenazende dökülen birkaç gözyaşının ardından haliyle herkes işine gücüne dönecek. Senden sonra da hayat kıyamete değin devam edecek.

Hâlâ yaşıyorsan bir sebebi var. Gidip bir uzan istersen az ilerdeki musalla taşına. Bedenin soğukluğunu hissederken, sen de bir düşün bu arada. Ya gelmesinde şüphe bulunmayan o an bu an olsa.

Şu an ölmüş olarak, çıplak bedenin beyaz kefene sarılı bir tabutun içinde hayal et kendini. Etrafında toplanan insanlar. Ardından okunan dualar. İşitmeye çalış sesleri. Bir an sor kendine ya şimdi ölmüş olsaydım ve hayata dair her şeyimi ardımda bıraksaydım, yaşarken ne yapmak isterdim.

Sor kendine insan iki günlük bir tatile bile çıkarken hazırlık yapıp ihtiyaç duyacağı şeyleri yanına alıyorken, sonsuzluk yolculuğuna çıktığım şu anda kayda değer neyim var yanımda? Boşa geçmiş bir ömrün hesabını vermek kolay olmasa gerek.

Vicdan terazisine koy hayatını. Ölç, tart kendini. Ne durumdayım diye. Amaçsız yaşadığın bunca yılın ardından en azından kalmışsa şayet önündeki yıllarını hayırlı işler ile geçirmeye çabala. Anlamlı kıl yaşamını. İnsan olarak, akıldan yoksun diğer canlılardan bir farkın olsun yaşarken. İstersen hayır ve iyiliklerle yaşamını güzelleştirmek senin elinde.

Yarın bambaşka bir insan olacağım diyorsun.
Niye bugünden başlamıyorsun?
Epiktetos

Kaçma gerçekten. Zira bundan öte gerçek yok insana. Asilik yapma seni Yaratana. Emirlerinden dışarı çıkma. Yaşarken o dik başın dönmediyse bir kez olsun kıbleye, mezarında kıbleye bakacak merak etme. Kibrinden burnun havada gezdiysen bunca zaman. En ufak bir parça dahi kalmayacak senden geriye. Yürürken yeri delecek, göğe yükselecek gibi sanıyordun ya kendini bak yerin altına koyacaklar öldüğünde seni. Paranın her sorunu çözeceğine inanıp esiri oluyordun ya bak paranın geçmediği bir yere geleceksin. Duyabileceğin iki söz var geldiğinde buraya, yaşadığın hayatın sonunda: **Gerçek dünyaya hoş geldin ya da gerçek dünyaya eli boş geldin!**

Niceleri geldi neler istediler
Sonunda dünyayı bırakıp gittiler
Sen hiç gitmeyecek gibisin değil mi?
O gidenlerde hep senin gibiydiler...
Bu dünya kimseye kalmaz bilesin
Er geç kuyusunu kazar herkesin
Tut ki, Nuh kadar yaşadın zor bela
Sonunda yok olacak sen değil misin?
Ömer Hayyam

Sahip olduğumuza inandığımız maddi şeylere gerçekten sahip miyiz? Bizim ya da benim dediğimiz şeyler gerçekten bizim mi? Evet belki söz konusu şeyler üzerinde edinimden kaynaklı bir tasarrufumuzun olduğu söylenebilir ama nereye kadar bu aidiyet. Eli boş geldiğimiz dünyadan eli dolu giden biri var mı? "Benim" dediğimiz şeyleri yanında götürebilen biri? Ya da ölüme karşılık verilecek bir bedel var mı? Esasen pek çok kişi bu durumun apaçık gerçekliğinin farkındadır. Ama her şeye rağmen gözler yumulur, kulaklar tıkanır. Deyim yerindeyse devekuşu misali başlar kuma gömülür. Bu gerçek ile yüzleşmek istemez insan. Çünkü tabiatının bir yönü aykırıdır zaten dünyevi hırslara kapılmaya. Ama köreltir o yönünü. Köreltir çünkü arzularıyla çeliştiği için rahatsız eder onu bu durum. Kaçmak ister gerçekten. Unutmak. Hatırlamamak. Oysa unutması ya da hatırlamaması, değiştirmeyecektir bu gerçeği. Zamanı gelmiştir ve vakit ayrılık vaktidir artık. Nefesler tutulur. Ve uğrunda nelerin feda edildiği dünya hayatına veda edilerek bu kez gözler gerçek karşısında ister istemez yumulur.

Ölünün dili olsa diyecek sana,
Ben fırsatı kaçırdım tövbe et günahına...
Necip Fazıl Kısakürek

Hâlâ yaşıyorsan bir sebebi var

İşyerinde ya da evinde otururken bir anda en yakınlarının yanına geldiğini ve tek bir söz bile etmeden hüzünlü bir şekilde ellerinden ve ayaklarından havaya kaldırarak seni taşımaya başladıklarını hayal et. Sen "durun ne yapıyorsunuz indirin beni" aşağıya demene rağmen seni işiten ya da haykırışına tepki veren yok. Aldıkları gibi seni gasilhaneye götürüyor ve elbiselerini çıkartıp seni yıkıyorlar. Sen anlamsız bir şekilde ne olduğunu anlamaya çalışırken bir de bakıyorsun cenaze namazın kılınıyor. Ardından tabutundan çıkartılıp mezarına konuyorsun ve üzerine toprak atılmaya başlıyor. Bir anda uyanıyorsun ve tüm gördüklerinin seni dehşete düşüren bir rüya olduğunu anlayıp derin bir oh çekiyorsun. Ama nereye kadar bu oh! Evet, belki hâlâ hayattasın ve tüm bu gördüklerin bir rüya.

Ama bu er ya da geç senin kaçınılmaz olan sonun. Şimdi değilse de bir gün aynen gelip alarak omuzlayacak yakınların seni. Kendi elleriyle toprağın altına koyacak. Üzerine toprak atacak. Hâlâ yaşıyorsan bir sebebi var.

Senin her türlü nankörlük ve inkârına rağmen Rabbin rahmet sahibi. Sana hâlâ fırsat veriyor, gözünü aç da bak! Ölümün zamanı da, sırası da yok. En yaşlıdan başlayarak gençlerin de yaşlanmalarını beklemeyebilir. Ya da önce büyük ablanın evlenmesi ve ardından gelenlerin sıralarını beklemeleri gibi değildir ölümün gelişi. Ansızın gelir. Antik Romalı düşünür Seneca'nın da dikkat çektiği gibi farkında olmasa da insan, zaman ölümün lehine işlemektedir.

Dikkat edersen, hayatımızın en büyük bölümü kötü iş yapmakla geçiyor, büyük bir bölümü hiçbir iş yapmamakla, bütün yaşamımız da gerekenden başkasını yapmakla geçiyor. Zamana değer veren, gününün değerini bilen, her gün biraz daha ölmekte olduğunu anlayan bir kimse gösterebilir misin bana? Yanıldığımız bir nokta var; sanıyoruz ki ölüm önümüzdedir; oysa ölümün büyük bir kısmı şimdiden geçip gitmiştir. Hayatımızın gerimizde kalan kısmını ölüm geçirmiştir eline.[12]

Seneca

Çok büyük bir lütuftur aslında kimsenin nerede ne zaman, ne şekilde öleceğini bilememesi. Üye olduğu spor salonundaki üyelik süresinin ne zaman dolacağını ya da her şey normal gittiğinde okulunun ne zaman biteceğini bilmesi gibi değildir. Yaşama gelirken beraberinde kaç yıl, kaç gün ve kaç saat yaşayacağı, nerede nasıl öleceği yazan bir belge ile doğmaz insan. Çünkü bu şekilde yaşayamaz. Aslında sonunda ölüm olduktan sonra kimin nerede ne zaman öleceğini bilmesi ile bilmemesi arasında bir fark yoktur. Olduğunu sanan aldanıyordur.

---

12 Aktaran: Kaan H. Ökten, **Ölüm Kitabı**, Agora Kitaplığı, İstanbul 2010, s. 119.

Hani filmlerde görürüz hastaların raporları birbirine karışır. Öksürük şikâyetiyle gittiğiniz hastaneden ölümcül bir hastalığın pençesinde olduğunuzu ve birkaç haftalık ömrünüzün kaldığını söylerler size. Tüm dünya başınıza yıkılır bir anda. Ne yapacağınızı bilemezsiniz. Yığılır kalırsınız bir köşede çaresizce. Sanki bir gün öleceğinizi bilmiyormuş gibi tam tarih verilince beyninizden vurulmuşa dönersiniz. Ümitsiz geçen ve yaşamınız boyunca yaptığınız hatalardan pişmanlık duyarak Allah'tan af dilemeye başladığınız birkaç günün sonunda bir telefon alırsınız doktordan. "Beyefendi bu durumu nasıl açıklayacağımızı bilemiyoruz ama raporlarınız karışmış turp gibisiniz maşallah hiçbir şeyiniz yok". İnanamazsınız önce. Sonra birden bire havalara zıplarsınız. Ölmeyecekmişim! Ölmeyecekmişim! diye. Sarılırsınız hayata ve hüzünle geçen birkaç gününüzün acısını çıkarmak istercesine dalarsınız eğlenceye.

Bundan farksızdır aslında pek çok insanın daldığı gaflet uykusu. Birkaç haftalık ömrünüz kaldı denildiğinde normal yaşantınıza devam edemezsiniz. Yaptığınız işleri yapıp hayatınıza dair planları gerçekleştirmeyi hedeflemezsiniz. Tutuşur bir anda paçalarınız. Telaşa düşersiniz. Peki, şu an sizi telaşa düşürmeyen nedir? Öleceğinizi bilmenize rağmen bunun ne zaman olacağını bilmemeniz mi? Oysa ölüme yakınlığınız ile ilgili bir değişiklik yoktur. İki hafta ömrü kaldığını öğrenen birinden çoktur o iki hafta içinde, nereden baksan daha kırk yıl yaşayacağını düşünüp de ölen. Ama aldanır insan. Bu gerçeği göremez. **Çünkü anlayamamıştır zaten erken bulmuştur kendisi için ölümü. Sanki ölümün yaşı varmış gibi. Elbise sanarak ölümü, yakıştıramamıştır bedenine.**

بسم الله الرحمن الرحيم

Size hayat veren O'dur. Sonra sizi öldürüyor; sonra diriltecektir sizi. Gerçek olan şu ki, insan tam bir nankördür.

22 Hac Suresi Ayet 66

Hâlâ yaşıyorsan bir sebebi var

İnsanlar birbirlerine ne kadar tahammül edebilirler? En yakın dostlar bile şayet dostlukları iman bağı ile bağlanmamışsa çok ufak bir çatışmada dahi ters düşüp en büyük düşmana dönüşmezler mi? Birbirleri ile görünür görünmez menfaatleri olan insanlar menfaatleri ortadan kalkınca karşılıklı değersizleşmezler mi? Ne kadar iyi bir çalışan olursanız olun yaptığınız kaç tane hata görmezden gelinebilir patronunuz tarafından? Sıradan biriyseniz üstelik en ufak bir hatanızda kaçınılmaz olabilir bir anda kendinizi kapının önünde görmeniz. Vefa beklediğiniz anlarda kaç defa vefasızlıkla yüz yüze geldiniz? Hak etmediğiniz halde defalarca haksızlığa uğramadınız mı hayatta? Dünyanın en iyi insanı bile Allah'ın kudretine sahip olsaydı -hâşâ- kendisine yapılan bunca nankörlüğü görüp de yok etmez miydi tüm insanları bir anda? Kudretinin şımarıklığına kapılıp oyuncak misali oynamaz mıydı dünyayla? Allah'ın bildiklerini bilseydi eğer tüm gerçekleri saklamaz mıydı insanlardan? Sadece kendinin faydasına olanı gözetmez miydi? Bir gün yaptığını diğer gün bozmaz mıydı? Sözünden caymaz mıydı? Keyfine göre adalet dağıtmaz mıydı? Ama Allah büyük rahmet sahibi olduğu için böyle yapmıyor. Yarattığına hem yol gösterip hem de tüm nankörlük ve inkârına rağmen her defasında fırsat veriyor. Allah'tan daha fazla rahmet sahibi olan birini tanıyor musunuz?

بسم الله الرحمن الرحيم

Eğer Allah, insanları zulümlerine karşı cezalandırsaydı, yeryüzünde debelenen tek bir canlı bile bırakmazdı. Ama öyle yapmıyor, onları belirli bir süreye kadar erteliyor. Süreleri geldiğinde ise ne bir saat geri kalırlar ne de öne geçebilirler.

16 Nahl Suresi Ayet 61

Safınız Belli Olsun

Üç türlü insan vardır:
Allah'ı bulanlar ve O'na hizmet edenler;
O'nu aramakla meşgul olup, henüz bulamayanlar;
O'nu, ne arayan, ne bulan,
zaten arayıp bulma çabası olmadan yaşayanlar.
İlk gruba girenler, akıllı ve mutlu,
Ortadakiler ise mutsuz fakat akıllıdır.
Sonuncu grubun insanları ise, aptal ve mutsuzdur.
Blaise Pascal

Pek çok insan yaşarken ve kendine dair seçimlerini yaparken hep bir şeylerin arasında kalır durur. Kararsızdır çoğu işinde. Oysaki bu dünyası ile ilgili yaptığı seçimleri ve geleceğine dair aldığı kararları doğru da olsa yanlış da olsa sonuçta bir noktaya kadar insana fayda ya da zarar sağlayacak kararlardır. Yapılan bir hatanın çekilse de bir ömür ceremesi, bir ömürden ibarettir sonuçta çekilecek ceremenin süresi. Sefalet ya da zenginlik içinde yaşasa da bir insan hayatını, bir ömürlük süre içindedir yine bu halinin devam etmesi. Bu hayata dair her şey geçicidir yani. Oysaki insanın bu dünyasından ziyade âhireti ile ilgili alması gereken kararlar ile seçimleri, sonsuzca azap ya da mükâfat görmesini belirleyeceğinden, insan için asıl hayati olan âhiretine yönelik seçimleridir.

Bu dünyaya gelmesiyle birlikte insana çok açık ve basit bir soru sorulmaktadır aslında. Bu dünyada var olmak için yaratılmadın. Burası senin kendini ispat etme alanın. Kendini ispat etmeye var mısın, yok musun? İkisinden birini seçmelidir aslında insan. Ama ne yazık ki çoğunluğun yaşantısı biraz var biraz da yok gibidir. Yani kararsızdır sonsuz akıbeti ile ilgili en önemli konuda. Yaratıcının var olmadığına inanıp da buna göre yaşayan biri kendi içinde anlaşılabilirdir belki. Ama var olduğuna inanmasına rağmen aldığı kararları yok olduğuna inanan birinden farksız olan biri çok büyük bir çelişki içindedir. Allah ya vardır ya da yoktur. Biraz var biraz yok, ya da bazı durumlarda var bazılarında yok olması mümkün değildir. Allah varsa geri kalan hiçbir şeyin önemi yoktur.

Safını açık bir şekilde belli etmelidir insan. Ben Allah'ın kuluyum, beni, sevdiklerimi ve sahip olduğum her şeyi Allah yaratmıştır diyorsa biri, yaşantısına kendi istek ve arzuları değil, Allah'ın emirleri yön vermelidir. Seçimlerini, dünyevi çıkar ve menfaati değil, Allah'ın rızasına uygun olup olmadığı belirlemelidir.

Yaşantısına dair hatalarının farkındaysa biri, tüm bu hatalarını düzeltip kendine çeki düzen vermek için acele etmelidir. Çünkü insanın bu konuda geç kalması bir sınavı ya da uçağı kaçırması gibi değildir. Yani telafisi mümkün değildir bu geç kalışın. Dünyevi plan ve programlarını erteleyebilir. Yapması gereken bir işi geciktirebilir. Çeşitli bahaneler ileri sürebilir. Ancak geciktirilmesi mümkün olmayan ecel insana ansızın gelir.

Bu sebeple yaşarken safını belli etmelidir insan. Kendini yaratan ve öldükten sonra tekrar yaratarak ona verdiği yaşamın hesabını soracak olana teslim olmayan insan, kendi istek ve tutkularına kapılarak şeytana teslim olmuş demektir.

Karşılık beklemeden Allah rızası için iş yapıp değer üretmelidir. Kimin ne diyeceğine değil, Allah'ın hakkındaki kanaatine değer vermelidir. Hayırlı işlere adamalıdır kendini. Adanmış olmalıdır. Allah rızasına uygun bir iş ile çakışan her türlü dünyevi iş ve değeri elinin tersiyle itebilmelidir. Ben birey olarak tek başıma ne yapabilirim demeyerek sahip olduğu tüm imkânlar ile hayırlı işler yapmayı hedeflemelidir. Kısacası açık bir biçimde safını belli etmelidir.

Hz. İbrahim'i içine atmak niyetiyle büyük bir ateş yaktırmıştı Nemrut. Bu esnada bir karınca su taşırken bir karga ise ateşe atmak üzere çalı çırpı taşımaktaydı. Karıncanın su taşıdığını gören karga alaylı bir şekilde sordu karıncaya: "Ne yapacaksın o taşıdığın suyla?" Karınca, "İbrahim'i atacakları ateşi söndürmek için su taşıyorum" diye cevap verince bunu duyan karga gülerek: "Senin götürdüğün su, o kocaman ateşi söndürmeye yetmez ki" der. "Olsun" der karınca, "ben de biliyorum yetmeyeceğini; ama hiç olmazsa safım belli olsun..."

Ölüm Korkusu ve Ölümden Sonra Diriliş

İnsanların çoğu kaybetmekten
korktuğu için sevmekten korkuyor.
Düşünmekten korkuyor, sorumluluk getireceği için.
Konuşmaktan korkuyor, eleştirilmekten korktuğu için.
Yaşlanmaktan korkuyor, gençliğin kıymetini bilmediği için.
Unutulmaktan korkuyor,
dünyada kalıcı bir eser bırakmadığı için.
Ve ölmekten korkuyor, ölüme hiç hazırlığı olmadığı için.
Shakespeare

Anne karnındayken farkında olsaydık olan bitenin; doğup büyüdüğümüz ve bir gün öleceğimiz yerde olduğumuzu düşünürdük belki de. Bizim için başlangıç ve son sayardık anne karnındaki hayatımızı. Oysaki parmağımızı emmek için yaratılmamıştı ellerimiz. Arada bir annemizi tekmelemek için değildi ayaklarımız. Annemizin kalp atışlarını dinlemek için yaratılmamıştı kulaklarımız. Ya da iç organlarını görmek için var edilmemişti gözlerimiz. Yani bizim için bir başlangıç olsa da son değildi anne karnındaki günlerimiz. Tıpkı bu hayata gelişimiz ve bu hayattan gidişimiz gibi. Ne anne karnı ne de bu dünyaydı gerçek evimiz.

Yaşama gözlerini açan herkesin ortak paydasıydı bu macera. Artık dünyaya gelmiş, var edilmiştik. Ölüydük aslında. Var olmadan önce. Yokluktuk. Yaşamla birlikte canlandık, var olduk. Olduk ama geçmişimizi unuttuk. Portakal içindeki vitamin günlerimizi. Ana rahmine düşen su damlacığı hallerimizi. Var olduk. Var etmek sadece kendisine mahsus olan tarafından. Üstelik var eden, var edip bir kenara bırakmadı bizi. Yedirdi, içirdi, yetiştirip, gözetti. Çok şey verdi, az şey istedi. Ama biz nankör olduk. Yaratılışımızı, geçmişimizi unutup kibirlendik. Kimi kalktı "Şu çürümüş kemiklere kim hayat verecek" dedi (36 Yasin Suresi Ayet 78). Onu ilk kez var edenin tekrardan var edeceğini bilemedi. "Hayat, şu dünya hayatımızdan başkası değildir. Ölürüz, yaşarız ama biz tekrar diriltilecek değiliz" (23 Müminun Suresi Ayet 37) ya da "Şu dünya hayatımızdan başkası yok. Ölüyoruz, diriliyoruz. Bizi zamandan başkası helâk etmiyor" (45 Casiye Suresi Ayet 24) dedi kimisi.

بسم الله الرحمن الرحيم

Kendi yaratılışını unutmuş da bize örnek veriyor. Ve bir de şöyle diyor: "Şu çürümüş kemiklere kim hayat verecek?" De ki: "Onlara hayat verecek olan, onları ilk kez yaratandır. O, bütün yaratılmışları/ her türlü yaratmayı çok iyi bilmektedir."

36 Yasin Suresi Ayet 78-79

Anne karnında yaşamak için var olmadığımız gibi bu dünyadaki 60-70 senelik ömür süresini tamamlayıp yok olmak için de var olmadık. Varlığımızın asıl amacı, bu dünyanın sonsuz yaşama giden yoldaki geçilmesi gereken bir sınav olması. Her sınavın başarılı ve başarısızları olduğu gibi bu sınavdan da hakkı ile geçen ya da tembelliği sebebiyle kalanlar olacaktır. Üstelik çan eğrisi gibi bir başarı ortalaması da yapılmayacak ve herkes kendi notuna göre değerlendirilmeye tâbi tutulacaktır. **Ne anne karnı, ne de bu dünyadaki yaşam. Bizim için gerçek olan tek yaşam ölüm sonrası sonsuz yaşam.**

Eğer Allah ve ebedi hayat olmasa insanlar kâinatı ve kendi doğum günlerini lânetle yâd etmeye mecbur kalırlar. Ama Allah ve ebedi hayatın mevcudiyeti kabul edilince hayat, iyilik, hayır ve saadetin, dünya, güzel ahlakın kemalinin, mutluluk ve faziletten sonsuz kutsiyetin yükseldiği bir yer olur. Fıtratında ebedi hayat arzusu nakşedilmiş olan insanın dünya hayatı, sabah uyandıktan akşam uyuyuncaya kadar devam eden bir güne benzer. Eğer bir insan hayatın cesette (bedende) olduğuna inanıyorsa şu halde onun hayatı vücudunun yok olmasıyla son bulur. Eğer insan hayatının ruhta olduğuna inanıyorsa, insan kendisi için bir son bile fark etmez.

Tolstoy

Kendi kendisini var ettiğini iddia eden birisinin aklından şüphe duyarız. Çünkü biliriz her insana bir baba vesile olmuş, bir anne ise onu doğurmuştur. Balkabağının içinden çıkmamıştır kimse ya da leylekler getirmemiştir onu masallardaki gibi. İnsan ise yaratılışını ve neden yaratıldığını unutmuş ve kendini yaratana karşı şükran duyacağı yerde düşman olmuştur.

بسم الله الرحمن الرحيم

Ey insanlar, ölümden sonra dirilme konusunda kuşku içindeyseniz, gerçek şu ki, biz sizi topraktan yarattık, sonra bir damla sudan, sonra bir alaktan (embriyo), sonra yaratılış biçimi belli belirsiz bir çiğnem et parçasından; size (kudretimizi) açıkca göstermek için. Dilediğimizi, adı konulmuş bir süreye kadar rahimlerde tutuyoruz. Sonra sizi bebek olarak çıkarıyoruz, sonra da erginlik çağına erişmeniz için (sizi büyütüyoruz). Sizden kiminizin hayatına son verilmekte, kiminiz de, bildikten sonra hiç birşey bilmeme durumuna gelmesi için ömrün en aşağı ucuna (yaşlılığa) geri çevrilmektedir. Yeryüzünü kupkuru ölü gibi görürsün, fakat biz onun üzerine suyu indirdiğimiz zaman titreşir, kabarır ve her güzel çiftten (ürünler) bitirir.

22 Hac Suresi Ayet 5

Bazı insanlar âhiret hayatı ile ilgili şüphe duysalar da esasen içinde yaşadığımız hayatın varlığı, âhiret hayatının varlığı için açık bir delildir. Zira ilk yaratılıştır asıl olan. Bir kez bu kudrete şahit olunduktan sonra kudret sahibi tarafından tekrar yaratılmaktan şüphe duyulmaz. Dünya hayatını ve var oluşu tesadüf gören biri için yokluktur ölüm. İçinden çıkılmaz bir haldir aslında. Hem kendi varlığının, hem de etrafındaki tüm varlığın bir gün yok olacağını düşünmek. Tüm bu varlığın nereden geldiğini bilemediği gibi nereye gideceğini de bilememek. Yaşaması anlamsızdır bu inançtaki bir insanın. Ölümü ile yok olacağını ve tekrar var olmayacağını düşünen biri için hayatın hiçbir anlamı yoktur artık.

Ölümden korkanların bu korkularına neden olan şey, onların ölümü boşluk ve karanlıktan ibaret görmeleridir.
Ölümü boş ve karanlık görmeleri ise
hayatı görememelerinden ileri gelir.

Tolstoy

Şayet bu dünyadaki ölümümüzden sonra âhirette dirilmeyeceksek tekrar var olmamız ve sevdiğimiz birini tekrar görmemiz mümkün olmayacaktır. Bir çiçeğin açışına ya da bir kuşun ötüşüne bir daha şahit olamayacağımız gibi sevdiğimiz şeyleri tekrar yapmamız da mümkün değildir artık. Her türlü kötülük, zulüm, adaletsizlik, sefalet ve rezilliklerine rağmen yine de yaşamak istediğimiz bu dünyanın söz konusu olumsuzluklardan arındırılmış bir formuna ulaşmamız mümkün olmayacaktır. Neden bu dünyada kötülük var diye sorarken kendimize, hiç kötülüğün olmadığı bir dünyada yaşamamız da.

Ölüm ve acı engellenemez; ancak onlardan duyulan korku ve endişe engellenebilir. Bu yüzden şu sözleri söyleyen şair övgüyü hak ediyor: "Kötü olan ölüm değil, utanç verici bir ölümdür".
Epiktetos

Yokluk değildir ölüm; aksine gerçek olana geçiştir. Kulun Rabbine kavuşacağı bir geçiş. Bu dünya hayatında yaşanılan ne kadar güzellik varsa her birinin misli ile yaşanacağı bir hayata geçiş. Geçici olanın son bulduğu, kalıcı olanın hüküm süreceği bir geçiş. Bir yüz aydınlığıdır inanan için. Gerçek ile yaşamış ve iman ile ölen için. Sevinç günüdür. Hak edene hakkının verileceği, öncekilerin ve sonrakilerin bir araya toplanacağı, zalim ve mazlumların yüzleştirileceği, hesap defterlerinin ortaya getirileceği bir gün. Sadece mülkün gerçek sahibinin hüküm sürdüğü gün. İzin verilmeden kimsenin söz edemediği gün. Bir kısım yüzlerin nurlanacağı bir kısmının ise kararıp, zillete bulaşacağı gün. İman edip hayra ve barışa yönelik değerler üretenlerin hak ettikleri cennetlere girecekleri gün. Arzu ettikleri her türlü nimetin kendilerine ikram edileceği gerçek yaşam ve gerçek yurda kavuşacakları gün.

Dünya aslanı av ve rızık arar. Tanrı aslanı ise hürlük ve ölüm, çünkü ölümle yüzlerce hayat görür de varlığını pervane gibi yakıp yandırır.
Celâleddîn-î Rûmî

Ünlü antik dönem filozofları da felsefenin en temel konularından biri olan ölüm hakkında çeşitli yaklaşımlarda bulunmuşlar ve genel itibariyle ölümün korkulacak bir şey olmadığı, aksine ruhu özgürlüğüne kavuşturan yeni bir başlangıç olduğunu söylemişlerdir. Örneğin Sokrates'e göre ruhun bedenden ayrılması olan ölüm insan için çok büyük bir nimettir. Bu yüzden ölüm korkusu da akıl kuvvetiyle üstesinden gelinmesi gereken her hata gibi bir hatadır. Sokrates'in öğrencisi Platon da bu konuda hocasıyla benzer görüşleri paylaşır ve hayatı ölüm için bir çıraklık evresi olarak değerlendirir. Hayatın amacının keşfedilebilmesini ise ölüm üzerine düşünmekte bulur. Platon hayatı, nasıl bir hapishane olduğunu bilemediğimiz bedenlerimizin bağlı olduğu bir mahkûmiyete, ölümü ise bu hapishaneden kaçıp kurtulmaya benzetir.

Yine kimi filozoflara göre insan farkında olmasa da zaten her gün bir şekilde ölümü yaşamaktadır. Şöyle söyler Seneca:

> *Vaktiyle, şu konuyu işlemiştin anımsıyorum; biz ölümün kucağına birdenbire düşüvermiyoruz, kucağına doğru yavaş yavaş yürüyoruz, diyordun. Ölmekteyiz her gün. Her gün yaşamımızın bir parçası kopup gidiyor bizden. Biz büyümekteyken bile, geriliyor yaşamımız. Bebekliğimizi yitirdik, çocukluğumuzu yitirdik, sonra da gençliğimizi. Bu güne değin nice zaman geçtiyse, yok oldu gitti hepsi. Yaşadığımız bu günü de ölümle ortaklaşa yaşıyoruz. Nasıl ki su saatini yok eden son su damlası değil de, o son damlalardan akıp geçenlerdir; tıpkı öyle, yaşamı bıraktığımız o son saat de, tek başına ölümü sağlamaz, tamamlar sadece yaşamımızı. İşte o zaman ölüme ulaşırız, ama zaten ne zamandır ulaşmakta değil miydik ölüme?*[13]

13 Aktaran: Kaan H. Ökten, **Ölüm Kitabı**, Agora Kitaplığı, İstanbul 2010, s. 120.

Meşhur İslâm filozofu Kindî ise ölümü insan tabiatının tamamlanması olan doğal bir süreç olarak görmüş ve şöyle söylemiştir:

Biz kötü olan şeyden değil, sadece kötüden nefret etmeliyiz. Bu husus hafızamızda yer edecek olursa duyulardan kaynaklanan üzüntüleri yenmemizde büyük yarar sağlar. Buna göre, sanılmasın ki ölümden daha kötü bir şey yoktur! Gerçekte ölüm kötü değil, kötü olan ölüm korkusudur. Ölüme gelince, o sadece tabiatımızın tamamlanmasından ibarettir. Şöyle ki, eğer ölüm olmasaydı kesinlikle insan da olmazdı. Çünkü insan 'düşünen, canlı, ölümlü varlıktır' diye tarif edilir. Tarif tabiatı temel alarak yapılır. Demek istiyorum ki düşünmek, canlılık ve ölümlü olmak insanın temel yapısıdır. O halde ölüm yoksa insan da yoktur. Zira bir varlık ölümlü değilse o insan olamaz. Buna göre olmamız gereken durumda olmak kötü değildir, kötü olan olmamız gereken durumda olmamaktır. Öyleyse kötü olan ölümün olmayışıdır. Çünkü ölüm yoksa insan da yoktur. O halde ölüm kötü değildir.[14]

Bu sebeple ölüm kötü değildir. Ölüme hazır olmamak ve hiç ölmeyecekmiş gibi bu dünyaya bağlanmak kötüdür. Âhireti için hazırlık yaparak yaşamı son bulan kişi cennet nimetleri ile nasiplendirildiğinde dünya hayatına geri dönmesi karşılığında tüm dünya servetini kendisine vereceğinizi söyleseniz de dünyaya geri dönmek istemez. Tıpkı anne karnından çıkmış bir bebeğin büyüdüğünde tekrar anne karnına dönmek istemeyeceği gibi. Kindî, bu konuda şöyle bir örnek verir:

---

14 Kindî, **Üzüntüyü Yenmenin Çareleri**, tercüme: Mahmut Kaya, **İslâm Filozoflarından Felsefe Metinleri**, Klasik, İstanbul 2003, s. 64.

Şayet karaciğerde bulunan ve fakat başka hiçbir şeyi tanımamış olan bir besin maddesinin aklı olsaydı; sonra başka yere nakledilmek istenseydi, gelişmesi için daha uygun bir bünyeye nakledilse bile, o bu durumdan üzüntü duyardı. Eğer o madde yumurtalara ulaşıp sperme dönüşse, sonra yumurtalardan daha geniş bir yer olan rahime nakledilmek istense, elbette bu durum onu fazlasıyla üzerdi. Rahime yerleştikten sonra o maddeye, "yumurtalara döneceksin" dense rahimdeki durumuna nisbetle, yumurtaların dar olduğunu ve gelişmiş insan suretinden uzak bulunuşunu hatırladığı için bu söz onu öncekinden kat kat fazla üzecektir. O maddenin rahimden bu geniş âleme çıkması istendiğinde, durum aynıdır, bu da onu fazlasıyla üzecektir. Şayet o, bu geniş ve güzel âleme çıksa ve sonrada rahime dönmesi söylense, dünya ve dünyadaki her şey onun mülkü olsa rahime geri dönmemek için derhal hepsini verirdi. İşte bunun gibi, dünya denilen, bu yerden ayrılış da onu üzecektir. Şayet o madde, duyusal ve psikolojik acıları art arda doğuran duyusal varlık ve acıların bulunmadığı akıl âlemine intikal edecek olsa -ki oradaki kazanımlara hiçbir el uzanamaz ve felaketler ulaşamaz; sahip olanın elinden onları hiçbir şey asla alamaz- ve ona: "önceki bulunduğun âleme (dünyaya) döndürüleceksin" denilecek olsa o, "bu geniş dünyadan karanlık rahime döndürüleceksin" denildiği zamanki üzüntüsünden kat kat daha fazla üzülecektir.[15]

Ünlü İslâm filozofu Farabi'ye göreyse ölüm karşısında dirayetli durabilen insan erdemli insandır. Zira bu kişi ölümün kendisine hiçbir kötülük getirmeyeceğini bildiği gibi yaşarken edindiği iyiliklerin de ölümle kendisinden ayrılmayacağını bilir. Bu sebeple

15 Kindî, **a.g.e.,** s. 64-65.

erdemli kişi her iki dünyasındaki mutluluğunu arttıracak iyi davranışları daha da arttırmak için yaşamayı sever. Ölümden korkanlar ise bilgisiz insanlardır. Cahil insanlar dünya hayatına dair zevklerden mahrum kalma endişesiyle ölümden korkarlar. Bu kişiler mutluluğun ölümle birlikte kaybolacağını düşünür ölümden sonraki gerçek mutluluk hakkında bir şey bilmezler.

Hayat doğru yolda olunca ölüm korkusu yoktur. Bizi ölümden yıldıran tek şey, hayatın kötülük içinde geçmesidir.
Ömer Hayyam

Peki, insanlar neden ölümden korkarlar? İşte bu noktada çok çeşitli nedenler bulunsa da genel itibariyle insanların ölümden korkma nedenlerini diğer bir ünlü İslâm filozofu İbn Sînâ tarafından yapılan tasnifi esas alarak göstermemiz yerinde olacaktır. Filozofumuz ölüm korkusunun yedi sınıf insan üzerinde etkili olduğunu şu şekilde ifade eder:

1. Ölümün gerçekte ne olduğunu bilmeyenler.
2. Ruhunun nereye intikal edeceğini kestiremeyenler.
3. Kendisinin ölüp yok olacağını, buna karşılık âlemin kendisinden sonra var olmaya devam edeceğini düşünenler.
4. Ölüme sebep olan hastalıkların eleminden başka ölüm için ayrıca bir elem olduğuna inananlar.
5. Ölümden sonra kendisine bir ceza ve işkence edileceğine inananlar.
6. Öldükten sonra nereye gidileceğini bilmeyenler.
7. Ardında bırakacağı mal ve mirasının öldükten sonra dünyada kalmasından üzüntü duyanlar.[16]

16 İbn Sînâ, **Ölüm Korkusundan Kurtuluş Risalesi**, çev. M. Hazmi Tura, Orhan Mete Matbaası, İstanbul 1959, s. 12-13.

Tüm bunlar, söz konusu korkulara kapılan insanların bilgisizliklerinden ve sadece nefislerinin arzuları doğrultusunda yaşamak istemelerinden kaynaklanmaktadır. Oysaki ölümden korkmak ölüm gerçeğini değiştirmeyeceği gibi korkulmasına rağmen hazırlık yapmamak da kişinin akıbetini değiştirmeyecektir. Bu yüzden ölümden korkmak yerine sonsuz olan âhiret hayatındaki ölümsüzlüğü arzulamak gerekir.

Ölüm günümde tabutum yürüyüp gitmeye başladı mı, bende bu cihanın gamı var, dünyadan ayrıldığıma tasalanıyorum sanma; bu çeşit şüpheye düşme, bana ağlama, yazık yazık deme. Şeytanın tuzağına düşersem işte hayıflanmanın sırası o zamandır. Cenazemi görünce ayrılık ayrılık deme. O vakit benim buluşma ve görüşme zamanımdır. Beni kabre indirip bırakınca, sakın elveda elveda deme; zira mezar cennetler topluluğunun perdesidir. Batmayı gördün ya, doğmayı da seyret. Güneşe ve aya batmadan ne ziyan geliyor ki? Sana batmak görünür, ama o, doğmaktır. Mezar hapis gibi görünür, ama o, canın kurtuluşudur. Hangi tohum yere ekildi de bitmedi? Ne diye insan tohumundan şüphe ediyorsun?[17]

Celâleddîn-î Rûmî

Tolstoy da ölümün korkulacak bir şey değil aksine insan için yeni bir başlangıç olduğunu ve ölüm ile birlikte insanın gerçek yurduna döneceğini söyler.

En kof ceviz bile kırılmak ister. Olgun yemişler tutunamaz ağaca. Öyleyse kabuğum kırılacak diye hayıflanmamalıdır insan. Toprağa düşmemek için çırpınmamalıdır meyve. Düşün! Bir şeyin geldiği yere dönmesi kadar sevindirici ne ola-

17 Mevlânâ, **Divanı Kebir**, çev. Abdülbaki Gölpınarlı, Remzi Kitabevi, İstanbul 1959, s. 169.

bilir? Tohumun ağaca, ağacın tohuma dönüşümünden başka bir şey değildir hayat. Yani ölüm... Fakat insanlar ölüyü kefenledikleri gibi ölümü de kefenlemişlerdir. Ve kefenlenen her şey öldürücüdür. İnsana düşen, tüm libaslarından soyup öylece seyretmektir ölümü. Yani hayatı... Herkesin ağzında gevelediği; "ya öl, ya ol" diye bir söz vardır. Oysa kimse bilmez olmakla ölmenin aynı şey olduğunu. Ölümle savaşmak öldürür hayatı. Çünkü bu hayatla savaşmak demektir. İşte gerçek ölüm budur. Bu hakikati anlamayan kimse, yaşamı ölümle, ölümü de yaşamla kirletir. Böylece bulandırır suyu ve su içilmez hale gelir.[18]

Tolstoy

Bırakın sonsuz bir yaşam ve mutluluğu vermeyi, eceliniz geldiyse örneğin sadece bir dakika daha fazla sizi yaşatabilecek birini tanıyor musunuz? Dünyadayken maddi-manevi imkânlarınızı kullanarak istediğiniz bir suçtan kurtulmanız ve eğer varsa delilleri yok etmeniz mümkündür. Hatta aleyhinizde tanıklık yapacak kişileri maddi vaat ya da korkutma yoluyla sindirmeniz de. Ancak âhiretteki hesap günü, dünyadayken sahip olduğunuz hiçbir maddi şey işinize yaramayacaktır. Hesap kitabınız elinize verilecek ve kitabı sol eline verilenler derin bir pişmanlık içine girecektir.

بسم الله الرحمن الرحيم

Kitabı sol eline verilen der ki:
"Ah, ne olurdu, bana kitabım verilmeseydi!"
"Hesabımın ne olduğunu hiç bilmeseydim."
"Keşke ölümüm her şeyin sonu olsaydı."
"Malım bana hiç bir yarar sağlamadı."
"Güç ve kudretim yok olup gitti."

69 Hakka Suresi Ayet 25-29

---

18 Tolstoy, **Ölüm Manifestosu**, çev. S. Neval Şimşek-Serkan Özburun, Kaknüs Yayınları, İstanbul 2007, Arka kapak.

Ağzınız mühürlenecek. Ne siz ne de başka biri, bizzat kendi organlarınız dile gelip konuşacak ve aleyhinizde tanıklık edecektir. Hak ettiğiniz karşılıklar eksiksiz ve tam olarak verilecektir size.

بسم الله الرحمن الرحيم

O gün, ağızlarını mühürleyeceğiz. Bize elleri konuşacak, ayakları da kazanmış olduklarına tanıklık edecek.

36 Yasin Suresi Ayet 65

بسم الله الرحمن الرحيم

Nihayet, oraya geldiklerinde kulakları, gözleri, derileri, yapıp-ettikleri hakkında onlar aleyhine tanıklık edecektir.

41 Fussilet Suresi Ayet 20

Allah'tan başka kim var edebilir insanı? Kim tekrar hayat verebilir çürümüş kemiklere? Kim çıkartabilir kabrinden insanı? Kim var edebilir sonsuz bir mutluluk ve yaşamı? Kim? Şüphesiz Allah'tan başka hiç kimse.

بسم الله الرحمن الرحيم

Günahkârları, Rablerinin huzurunda başlarını eğmiş olarak şöyle derken bir görsen: "Rabbimiz; gördük, duyduk, geri gönder bizi ki, barışa/hayra yönelik iyi işler yapalım. Artık kesin olarak inanıyoruz."

32 Secde Suresi Ayet 12

بسم الله الرحمن الرحيم

Şöyle diyecekler: "Vay başımıza gelene! Kim kaldırdı bizi uykumuzdan/mezarımızdan? Rahman'ın vaat ettiği işte bu! Peygamberler doğru söylemişler."

36 Yasin Suresi Ayet 52

Güzeldir Aslında Ölüm, Tıpkı Yaşam Gibi

Allah ile olduktan sonra ölüm de, ömür de hoştur...
Celâleddîn-î Rûmî

Ya da başka türlü de ifade edebiliriz bu sözü: Güzeldir aslında yaşam tıpkı ölüm gibi... Bize emanet olarak sunulan geçici dünya hayatını iman, hayır ve iyilikler ile güzelleştirmek elimizde. Bu konuda dünyevi manadaki en büyük destekçimiz ve dostumuz ise ölümdür. Evet, aslında ölüm bizim gerçek dostumuzdur. Hiç kandırmaz bizi, hiç aldatmaz. Daima doğruyu söyler bize. Dünya hayatının geçici büyüsüne kapıldığımız anlarda şefkat tokadını yüzümüze patlatır. Gerçeği hatırlatır. Sonra daima yanımızdadır, bizi hiç yalnız bırakmaz. Gerçek bir dost gibidir. Sonsuz bir mutluluğa ulaşmamızı istediğinden geçici hayatın anlamsızlığını gösterir bize.

Hayat, kâinat ile bir ilişki içinde olmak demektir. Hayatta rastlanan bütün değişim ve dönüşümler, kişi ile kâinat arasında daha yüksek bir ilişkinin kurulmasından ibarettir. Dolayısıyla, ölüm de kâinat ile daha yeni bir ilişki içine girmek demektir.

Tolstoy

Ölüm, gençliğe, yaşlılığa, büyümeye, olgunlaşmaya, dişlerin ve sakalın çıkmasına, saçların beyazlamasına, çiftleşmeye, hamileliğe ve yaşamdaki diğer doğal şeylere benzer. O halde aklı başında bir insanın ölüme kızmayıp, onu doğal bir süreç olarak beklemesi gerekir. Nasıl bir çocuğun doğumunu bekliyorsak, ölümü de aynı şekilde beklemeliyiz.

Marcus Aurelius

İnsanların büyük çoğunluğu dünya hayatının geçici zevkleri ile oyalanmaya devam ederken, bir kısım insanlar ise kendilerini Allah yoluna adamış kullar olarak hayra ve barışa yönelik işler yapmaya çalışırlar. Hayatlarındaki önceliklerini Allah'ın emirlerine göre belirlerler. Gönülden bir teslimiyetle dünyevi bir karşılık beklemeksizin iyilik yaparlar. Adanmış ruhlardır bunlar. Allah rızası için yarışırlar. En büyük zenginliğin iman olduğunu bildiklerinden güzel söz ve öğüt ile insanları Allah'a ve dine çağırırlar.

İnsani ve ahlaki değerlerde, hak, hukuk ve adalette titizdirler. Kendileri için istedikleri hayırları diğer insanlar için de ister ve insanları doğruya ve güzele davet etmeyi ibadet sayarlar. **Zor değildir aslında Allah'ın şanına yaraşır kul olmak. Çok değildir aslında Allah'ın kullarından istediği şeyler. Yapılabilir şeyler oldukları için yüce Allah yapılmalarını istemiştir zaten.**

Allah'a gönülden inanan biri sahip olduğu her şeyin Allah'ın lütfu olduğunu bilir. Dünyadan yüz çevirmez. Helal dairesi içinde güzel bir yaşam sürerek Allah'ın nimet ve imkânlarından istifade eder. Tüm güzelliklerde Allah'ın sanatını görür. Bir kuşun havada süzülüşüne, bir çiçeğin renk, desen ve kokusuna, bir kelebeğin kanat çırpışına ya da örneğin denizde yüzen bir gemiye bakarak Allah'ı takdir ve tesbih eder (yüceltir). Dünyada bunca güzellik yaratan

Allah'ın âhiret yurdunda neler yaratabileceğini düşünüp kalıcı olan âhiret yurdunu ister ve onu elde etmek için çabalar.

Dostu Allah olan, şeytanın selamını almaz. Tuzaklarına düşmez. Dünya hayatının süsüne, boyasına aldanmaz. Geçici olduğunu bilerek yaşar hayatını. Yaratanına gönülden bir teslimiyet ile bağlanır ve yaşamının amacını sorgular. Kendini beğendirmesi gereken asıl varlığın yüce Allah olduğunu bilir. Onun rızasını kazanıp hoş görünmek için çabalar. Sevdiğini onun için sever. Yerdiğini onun için yerer. Karşılık beklemeden, başa kakmadan iyilik yapar. En iyi ticaretin Allah ile yapılan ticaret olduğunu bilir ve geçici dünya hayatını satarak karşılığında sonsuz olan âhiret yurdunu alır. Tüm güzelliklere Allah'ın eseri gözüyle bakar ve hayattan gerçek anlamda zevk alır. Sahip oldukları ile yetinir. Kalp tatmini ve mutluluk duyar.

Sabırlıdır, öyle kolayca öfkesine yenilmez. Akıllıdır. Düşünmeden hareket etmez. Cömerttir. Sahip olduklarını paylaşır herkesle. Bilir çünkü mülk ve yönetimin gerçek sahibinin bir tek Allah olduğunu. Allah'ın emir ve yasaklarına karşı titizdir, sadıktır. Haramlara karşı kaya gibidir. Allah'a gönülden kul olmanın dünyadaki en şerefli şey olduğunu bilir. Emindir kendinden. Öyle birilerinin kınamasından çekinmez. Dosdoğrudur yolunda, Allah'tan başkası önünde eğilmez.

Çokça anar Rabbini, Yüceltir. İbadetlerinde gönülden ve titizdir. Dualar ile yardım, hayır ister hem bu dünyası hem de âhireti için. Sadece kendisi için değil diğer tüm inananlar için de dua eder. İnkârcıların hidayete gelmesini diler. Hata ve günahlarda ısrarcı değildir. Hemen pişman olur. Tövbe eder. Af diler. Ahlak ve fazilet sahibidir. Çirkinliklerden yüz çevirir. Namusuna ve şerefine bağlıdır. Hayâ sahibidir. Nefsine hâkimdir.

Güvenilirdir. Emanete sahip çıkar. Kendisinden emin olunandır. Kendisine ait değilse şayet bir kuruştan farkı yoktur onun için koca bir servetin. Gözünü dikmez başkasının sahip olduklarına. Fedakârdır. Faydalı işler yapmaya çabalar. Fırsatlar arar. Hayırlı işleri dünyevi işlerinin önüne geçirir. Çalışkandır, karınca gibi. Bu dünyadaki rahatından önce âhiretteki rahatını düşünür. Yorulmak nedir bilmez. Hep daha iyi şeyler yapmayı hedef edinir kendine. Hayırlı işlerde yarışır, Allah'a yaraşır bir kul olmaya çalışır. Etrafına karşı örnek biri olur. Rol yapmaz. Yalan ve riyaya sapmaz. Bir kul olarak Rabbini temsil ettiğini bilir. İnsanları aldatmaz.

Gıybet etmez. İnsanları arkalarından olur olmaz çekiştirmez. Emin olmadan bir konuda hüküm vermez, yok yere ahkâm kesmez. İnsanların kusurlarını araştırmaz. Lakaplar takmaz. Kimseyi küçük görmez. Tevazu sahibidir. Büyüklenip kibre sapmaz. Zanda bulunmaz, bulunsa da iyi zanda bulunur. Hata aramak yerine hataları örtücü olur. Boş ve lüzumsuz söz ile davranışlardan uzak durur. Gerektiği yerde gerektiği kadar konuşur. Aşırılıklara kaçmaz. Ölçülüdür. İsraf etmez. Tutumludur. Zarafet sahibidir. Temizliğinde dikkatlidir. Güzel ve temiz giyinir. Gereksiz lüksten kaçınır.

Kendi zararına dahi olsa doğru olanı seçmeye çalışır. Hakkı ve adaleti gözetir. Şahitlikten kaçınmaz. Yalan yere şahitlik yapmaz. Vicdan sahibidir, insaflıdır. Güzel söz konuşur. Hayrı, iyi ve güzel olanı tavsiye eder. Sadece insanları değil tüm canlıları sever. İnsanlar tarafından sevilir, sayılır. Kin gütmez. Düşmanlık beslemez. Affeder. Barışı esas alır. Kendisine yapılan bir iyiliğe daha güzeli ile kötülüğe ise gerekiyorsa şayet aynısıyla karşılık verir. Kötülükler planlamaz. Allah'ın izin verdiği ölçüde mukavemette bulunur. Gerektiğinde cesur olur. Hiçbir şeyden korkmaz. Zulmetmez. Aşırılıklara gitmez.

Hoşgörülüdür. Anlayışlıdır. Özrü kabul eder. Gerektiğinde özür diler. Güler yüzlüdür. İnsanlara asık suratla, kötü sözle muamele etmez. Teşekkür eder. Teşekkür beklemez. Kendisi için istediği bir hayrı başkaları için de ister. Sadıktır. Dosttur. Güvenilirdir. Vefakârdır. Kadir kıymet bilir. İnsanlara banka hesaplarına göre değil, Allah'a olan teslimiyetlerine ve insani güzelliklerine göre değer verir. Aile ve akrabasını sever. Konu komşusuyla iyi ilişkiler kurar. Kardeşlik için aynı anne ve babadan doğmayı zorunlu görmez. Gönülden inanan insanları kardeşi bilir. Korur, kollar. Gözetir. İyiliğini ister.

Kendini geliştirir, yetiştirir. İnsanlık meselelerine karşı duyarlı olur. Müslüman kardeşinin derdini kendine dert edinir. Sadece kendisi için değil, tüm insanlık için faydalı işler yapmaya çalışır. İnsanları hayra çağırır. Gerçekleri onlara tebliğ eder. Karşılığını yalnız Allah'tan bekler.

Artık karar vermek gerek! Alacağımız bir sonraki nefesimiz garanti olmasa da, henüz zaman varken. İmanımızı kaybetmeden imanımızın, sağlığımızı kaybetmeden sağlığımızın ve ömrümüzü kaybetmeden bize emanet olarak verilen ömrümüzün kıymetini bilelim. Nasıl olsa ileride yaparım gafletine kapılmadan, yaşantımıza ve kendimize çeki düzen vermeye, artık kaçınılmaz gerçekleri fark etmeye çabalayalım. Tabi zamanımız varsa.

Zor değildir aslında; bu sayılanları yapmak ya da en azından yapabilmek için çaba harcamak. Gerçek önem ve değeri bunlara vermek. Bunları yapıp da öldükten sonra ardında tatlı bir tebessüm bırakmak. Hayırlar ile anılıp, dualar ile uğurlanmak. Ölümü muhabbetle karşılamak, Rabbe kavuşma saymak. Geçici olmayan gerçek hayata ulaşmak. Sonsuz bir huzur ve mutluluk tatmak.

Sevdiklerimizden kısa süreliğine uzaklaşmaktır ölüm. Allah'a iman edip hayırlı işler yapanların bir daha hiç ayrılmamak üzere cennette kavuşacakları, sonsuz bir huzur ve mutluluk yaşayacakları geçici bir ayrılık. Düşünsenize ya yokluk olsaydı ölüm? Kim tekrar görebilirdi sevdiğini, özlem duyduğunu? Hani çok sevdiğimiz birini kaybettiğimizde bir şeylerin hep eksik kaldığını hissederiz içimizde. Buruk olur sevinçlerimiz. Bazen keşke deriz, keşke şu an yanımda olsa. Bir daha hiç ayrılmamak üzere hep yanımda kalsa.

Allah'tan başka bizi sevdiğimize kavuşturabilecek biri var mı? Ölüme çare olamayan dünya serveti, sevdiğimiz birini tekrar bize geri verebilir mi? Ailemizle, çoluk çocuğumuzla, dost ve arkadaşlarımızla buluşturabilir mi? Kaybettiğimiz sevdiklerimize kavuşabileceğimiz başka bir mekân bileniniz var mı? Ya bundan daha büyük lütuf bilen biri? Ya da cennete girmeyi hak etmediği için sonsuz bir azap görmenin yanında, cennete giren yakınlarından, sevdiklerinden sonsuza kadar ayrı düşmenin vereceği azaptan daha büyük bir azap bilen biri?

بسم الله الرحمن الرحيم

İman edip zürriyetleri de imanda kendilerine uyanların, soy-soplarını da kendilerine katmışızdır. Ve kendi amellerinden kendilerinin hiçbir şeyini eksiltmemişizdir. Her kişi, kazandığı karşılığında bir rehindir.

52 Tur Suresi Ayet 21

بسم الله الرحمن الرحيم

Adn cennetleri bunlar içindir. Atalarından, eşlerinden, zürriyetlerinden hayra ve barışa hizmet etmiş olanlarla birlikte girerler oraya.

13 Rad Suresi Ayet 23

İnsanların büyük çoğunluğu hiç ölmek istemez, sonsuzca var olmak ister. Masallardaki gibi bir ölümsüzlük iksiri olsa örneğin onu elde etmek için yapmayacağı şey kalmaz. Her türlü zorluğu göze alır. Elde etmek için canla başla çalışır. Hatta öyle ki hayatını bile tehlikeye atabilir ölümsüzlük iksirini edinmek uğruna. Sonunda elde edebileceği ya da bu iksirin gerçekten onu ölümsüz kılacağı garanti bile olmasa. Oysaki bilmez, Allah zaten buyruklarına uyan herkese ölümsüzlük vaat etmiştir. Sonsuz ve mutlu bir yaşam. Hem de herkese. Üstelik onu kaf dağının ardında aramanıza gerek yoktur. **İşte hem bu dünyasına hem de âhiretine yönelik hayırlı işler yapan için yokluk değil, aksine güzeldir aslında ölüm, tıpkı yaşam gibi. Ona hazır olana. Bu gerçek ile yaşamış ve bu gerçeğe göre hazırlık yapana…**

Celâleddîn-î Rûmî'ye nisbet edilen bir söz ile biz de son verelim söze:

Hayat bir uykudur, ölünce uyanır insan.
Sen erken davran, ölmeden önce uyan.
Celâleddîn-î Rûmî

Ek:

İbn Sînâ ve Ruh Kasîdesi[19]

İnsan olarak hiç ölmemek ve sonsuz bir hayat sürmek isteriz. Oysaki bu isteğimizin sebebi ruhumuzun ölüm sonrası gerçek hayata özlem duymasıdır. Bu dünyada ölümlü olduğumuza göre demek ki esasen bu dünyada yaşamak için var olmadık. Bu dünya hayatı sonsuzluğa açılan kapıdan geçmek için yürüdüğümüz bir koridordur bizim için. Oysaki insan sadece bu dünyada var olmak için yaratıldığı zannıyla sonsuzluk kapısını kendi üzerine kapatmakta ve geçici olan dünya hayatının ışıltısından gözleri kamaştığı için de bu gerçeği görememektedir. İşte bu noktada İbn Sînâ'nın aşağıda bir kısmı aktarılacak olan Ruh Kâsidesi insanın bu durumunu ve ruhunun özlem duyduğu sonsuz yaşam ile maddi bedeni arasında sıkışmasını oldukça güzel bir şekilde tasvir etmektedir.

İbn Sînâ'ya göre ruh bu dünyada var olmak için yaratılmamıştır. Bu sebeple bedene girmesi bir güvercinin kafese konması gibidir. Ruh bedene hayat vermek ve onu yönetmek üzere kendi kutsal âleminden gururlu ve nazlı bir güvercin gibi süzülerek dünyaya inip ten kafesine konuk olmuştur. Zamanla bedenine alışmış ve ar-

19 İbn Sînâ, **Ruh Kasîdesi**, tercüme: Mahmut Kaya, **İslâm Filozoflarından Felsefe Metinleri**, Klasik, İstanbul 2003, s. 325-334.

tık ondan ayrılmak istememiştir. Bu yüzden ölümle birlikte bedenden ayrılmak ruha çok acı gelecektir.

İndiği hâneyi zamanla tanır,
Alışamaz önce, soğuk davranır.
Nihayet benimser ten kafesini
Ayrılırken bu kez ağlar kıvranır.

Letâfet mi güzel, madde mi iyi,
Ne arar kafeste, bilmem ki neyi.
Özgürlüğü tadan bu zavallı kuş,
Nasıl sevdi hayret, bu virâneyi!

Üstelik saflığını ve temizliğini koruyacağına dair Allah'a verdiği sözü unutmuş ve bedene girmesiyle ilahi ve manevi yönüyle değersiz bedenin istekleri arasında sıkışarak bocalamaya başlamıştır. Madde ile girdiği bu ilişki neticesinde saflığını yitirip kirlenmiş, ancak Allah'a verdiği sözü hatırladıkça utancından ağlayıp gözyaşı dökmüştür.

İnerken Allah'a verdiği sözü,
Unutup kirlenmiş tertemiz özü.
Hatırlamaz olmuş anayurdunu,
Şimdi melül mahzun, solgundur yüzü.

Bununla birlikte maddi varlıkların sahip oldukları yıpranma etkisiyle yaşlanan bedene de üzülüp ağlamıştır. Artık ruhun konuk olduğu bedenden ayrılıp anayurduna dönüş zamanı gelmiştir. Nihayet ölümle birlikte ruh bedenden ayrılmış ve geride artık kimsenin değer vermediği, toprak olmak üzere terk edilen ceset kalmıştır.

Yıpranır giderek, yaşlanır kafes,
Nice nevcivanlar şimdi tık nefes.
Güvercin bu hâle yanar yakılır,
Odur virâneden gelen yanık ses.

Vade tamam olur, diner fırtına,
Çileli güvercin döner yurduna.
Biterken hasretlik yeniden başlar,
Ayrılırken ağlar, bakar ardına...

Burkulur yüreğim güller solunca,
Söner ümit nurum süre dolunca,
Servi boylu ay parçası güzelin
Kim bakar yüzüne toprak olunca.

Ölümle birlikte ruh, maddenin tutsağı olmaktan kurtulmuş, bedenle birlikte iken, tıpkı uyurgezer gibi görmediği nice hakikatleri görmeye başlamıştır.

Dalınca güvercin o son uykuya,
Anlar ki bu hayat tümüyle rüya!
Neler görür neler kalkınca perde.
Sonsuzluğu yaşar haz duya duya...

Ne var ki, ruhun bedenle olan ilişkisi, çakan şimşeğin bir an ortalığı aydınlatıp sönmesi kadar kısa sürmüştür. Kâinâtın ömrüne nisbetle insan hayatı 'an'la ifade edilecek kadar kısa olduğu için ruhun burada tam kemâle ermesi ve mutlu olması pek mümkün görünmemektedir. Ancak insanın, ruhundaki sonsuzluk duygusunu tatmin edebilmesi ve ebedî mutluluğu tadabilmesi için âhiret hayatının varlığı ona yeni ufuklar açmakta ve bu durum onun sıradan bir canlı olmadığının temel güvencesi sayılmaktadır.

Vücut ikliminde bir an göründü,
Biraz cilveleşip sırra büründü.
Kimseler bilmedi mâhiyetini,
Bir şimşekti sanki çaktı ve söndü.

Kaynakça

1. Caner Taslaman, **Big Bang ve Tanrı**, İstanbul Yayınevi, 3. Baskı, İstanbul 2008.
2. Cevdet Kılıç, **Felsefe Diyarından Hikmet Yurduna Bilgelik Hikâyeleri**, İnsan Yayınları, İstanbul 2010.
3. Eflatun, **Sokrates'in Savunması**, çev. Teoman Aktürel, Remzi Kitabevi, İstanbul 2010
4. Emre Dorman, **Modern Bilim: "Tanrı Var"**, İstanbul Yayınevi, İstanbul 2011.
5. Enis Doko, **Dâhi ve Dindar: Isaac Newton**, İstanbul Yayınevi, İstanbul 2011.
6. Epiktetos, **Söylevler**, çev. Birdal Akar, Şule Yayınları, İstanbul 2010.
7. Faruk Karaca, **Ölüm Psikolojisi**, Beyan Yayınları, İstanbul 2000.
8. Hayati Hökelekli, **Din Psikolojisi**, Türkiye Diyanet Vakfı Yayınları, Ankara 2003.
9. Herodot-Beydebâ-Mevlânâ, **Dost Görünen Düşman**, çev. Ömer Rıza Doğrul, Kaknüs Yayınları, İstanbul 2005.

10. Hugh Ross, **The Creator and the Cosmos**, Naupress Book, Colorado 1993.
11. İbn Sînâ, **Ölüm Korkusundan Kurtuluş Risalesi**, çev. M. Hazmi Tura, Orhan Mete Matbaası, İstanbul 1959.
12. Kaan H. Ökten, **Ölüm Kitabı**, Agora Kitaplığı, İstanbul 2010.
13. Mahmut Kaya, **İslâm Filozoflarından Felsefe Metinleri**, Klasik Yayınları, İstanbul 2003.
14. Mevlânâ, **Mesnevi**, I-IV, çev. Abdülbaki Gölpınarlı, M.E.B. Yayınları, Ankara.
15. Mevlânâ, **Divanı Kebir**, çev. Abdülbaki Gölpınarlı, Remzi Kitabevi, İstanbul 1959.
16. Montaigne, **Denemeler**, çev. Sabahattin Eyüboğlu, Türkiye İş Bankası Yayınları, İstanbul 2009.
17. Müfit Selim Saruhan, "İslam Filozof ve Düşünürlerinde Ölüm Korkusu ve Tedavisi", **A.Ü.İ.F.D.**, Cilt 47, Sayı:1, s. 87-105.
18. Necip Fazıl Kısakürek, **Çile** (Bütün Şiirleri), Büyük Doğu Yayınları, İstanbul 2001.
19. Osman Ersu Belikırık, **Varoluş ve Ötesi, Sorulara Cevap Ararken**, Furkan Kitaplığı, İstanbul 2005.
20. Pascal, **Düşünceler**, çev. Metin Karabaşoğlu, Kaknüs Yayınları, İstanbul 2003.
21. Tolstoy, **Hayat Üzerine Düşünceler**, çev. Ahmed Midhat Rıfatof, Furkan Basın Yayın, İstanbul 1994.
22. Tolstoy, **Ölüm Manifestosu**, çev. S. Neval Şimşek-Serkan Özburun, Kaknüs Yayınları, İstanbul 2007.

بسم الله الرحمن الرحيم

Onlara bir ıstırap gelip çattığında şöyle derler:
"Biz Allah içiniz ve sonunda O'na dönüp gideceğiz."
2 Bakara Suresi Ayet 156

İyilik olarak yaptığınızı Allah bilir. Azık edinin.
Hiç kuşkusuz azığın en güzeli takvadır.
Ey akıl ve gönül sahipleri, benden sakının!
2 Bakara Suresi Ayet 197

Kim güzel davranışlar sergileyerek yüzünü
Allah'a teslim ederse, Rabbi katında ödülü vardır onun.
Korku yoktur böyleleri için; tasalanmayacaklardır onlar...
2 Bakara Suresi Ayet 112

Rabbinizden bir bağışlanmaya ve eni göklerle
yer kadar olan cennete doğru yarışır gibi koşuşun.
O, takva sahipleri için hazırlanmıştır.
3 Ali İmran Suresi Ayet 133

Nerede olursanız olun ölüm sizi yakalayacaktır.
Titizlikle korunan muhteşem kulelerde olsanız bile.
4 Nisa Suresi Ayet 78

İman edip hayra ve barışa yönelik işler yaparak
Rablerine içten bir bağlılıkla boyun eğenlere gelince,
onlar cennet halkıdırlar. Sürekli kalacaklardır orada.
11 Hud Suresi Ayet 23

Hanginizin daha güzel iş yapacağını belirlemek
için sizi imtihana çekmek üzere ölümü ve hayatı yaratan O'dur.
Daima Üstün Olandır, Bağışlayandır O.
67 Mülk Suresi Ayet 2